FOLIAS DE APRENDIZ

FOLIAS DE APRENDIZ

GERALDO CARNEIRO

R

HISTÓRIA REAL

© 2022 Geraldo Carneiro

PREPARAÇÃO
Andreia Amaral

REVISÃO
André Marinho
Eduardo Carneiro

DIAGRAMAÇÃO
Equatorium Design

DESIGN DE CAPA
Celso Longo

FOTO DO AUTOR
Elizabeth Carneiro

CIP-BRASIL. CATALOGAÇÃO NA PUBLICAÇÃO
SINDICADO NACIONAL DOS EDITORES DE LIVROS, RJ

C288f

    Carneiro, Geraldo, 1952-
        Folias de aprendiz / Geraldo Carneiro. - 1. ed. - Rio de Janeiro : Intrínseca, 2022.
Intrínseca, 2021.
        272 p. ; 21 cm.
        ISBN 978-65-87518-23-7
        1. Carneiro, Geraldo, 1952-. 2. Poetas brasileiros - Biografia. I. Título.

22-77237   CDD: 928.69
                            CDU: 929:82-1(81)

Meri Gleice Rodrigues de Souza - Bibliotecária - CRB-7/6439

[2022]
Todos os direitos desta edição reservados a
História Real, um selo da Editora Intrínseca Ltda.
Rua Marquês de São Vicente, 99, 6º andar
22451-041 – Gávea
Rio de Janeiro – RJ
Tel./Fax: (21) 3206-7400
www.historiareal.intrinseca.com.br

a Dulce e Geraldo, com amor

minhas memórias ainda estão no forno
ou então no éter do eterno retorno

Prólogo

Nunca pensei em escrever a meu respeito. Não escrevi sequer uma daquelas orelhas que os autores fabricam sobre seus livros, ora por encomenda dos editores, ora pelo mero prazer de exaltar as próprias qualidades. Considero tedioso olhar para o meu passado e jamais prestei atenção nos detalhes de minha existência. Desde os verdes anos reservo o memorialismo — de preferência, dos outros — para me distrair nos confins de minha velhice, com raras e magníficas exceções. Se fosse um escritor alemão ou francês, escreveria sobre meus anos de aprendizagem. Não me atreveria a usar a palavra *Bildungsroman* para não intimidar quem ainda não conhece o palavrão germânico. O problema é que quase todo autor do gênero — e também de autoficção, palavra criada há pouco para qualificar os admiradores do próprio umbigo — é obrigado a inventar uma lógica para emprestar sentido ao caos de sua vida.

À revelia do modelo narrativo que escolha, o memorialista imita seus autores eleitos, mesmo que não se aperceba disso, ou imita a vida dos santos, dos libertinos, dos libertinos que se tornaram santos e, mais raramente, dos que fizeram o caminho inverso. Sempre me lembro, diante de tais livros, de um fragmento de Shakespeare, apogeu de uma peça cujo título não ouso reproduzir, porque, segundo os ingleses, a menção dele não traz boa sorte. O fragmento famoso de Shakespeare diz que a vida "é uma história contada por um idiota, cheia de som e fúria, significando nada". Pelo menos a minha vida é assim, e, ao contá-la, quem se sente idiota sou eu.

Em 2020, Roberto Feith me convidou para escrever um livro sobre minha amizade com João Ubaldo Ribeiro. Sugeriu que se chamasse "Eu e João, João e eu". Embora o título me parecesse narcisista, a tarefa de evocar um de meus amigos mais queridos era simpática. Me lembrei, contudo, de que Roberto já me havia convidado vinte anos antes para escrever uma biografia de Shakespeare, e que, para responder à proposta, passei um mês inteiro imerso em todas as narrativas sobre o bardo que encontrei, até concluir que minha única saída seria uma biografia ficcional. Descreveria a infância de Shakespeare com espantosas minúcias, entre as quais o temperamento, os hábitos e o pedigree do cãozinho de estimação do poeta. O leitor, com a pulga atrás da orelha, perguntaria: "Como esse biógrafo conhece o cachorro?" Eu responderia: trata-se do cãozinho da peça *Os dois cavalheiros de Verona*. Depois descreveria o adolescente William descobrindo a arte de alcançar, sozinho, o êxtase da sexualidade em flor. O leitor, encafifado, perguntaria: "De onde esse cronista desentranhou essa punheta?" Resposta: de Samuel Pepys, nascido pouco depois da morte do bardo, que relata em seu diário a prática do vício solitário — e não creio que as técnicas da masturbação, por mais criativas, tenham mudado tanto de estilo entre os séculos XVI e XVII. Ao fim desse período de estudos, relatei ao Roberto e à Isa Pessôa que, se eu trabalhasse dois anos na biografia imaginária de Shakespeare, produziria, na melhor das hipóteses, um livrinho excêntrico. Portanto, não valeria a pena escrevê-lo.

Diante da nova missão, comecei a reunir reminiscências de Ubaldo e de nossas peripécias pela não mui leal cidade de São Sebastião do Rio de Janeiro e por outras paragens próximas ou remotas. Logo no princípio do exercício, me lembrei de uma noite em que baixou no João o espírito de um poeta de língua inglesa — desconfio que fosse William Butler Yeats. João psicografou um poema e o enviou pra mim pelo fax. No mesmo instante, traduzi e recriei seus versos, inserindo entre eles o nome de sua musa, Berenice Batella Ribeiro, e de seu livro então recém-publicado:

Até a morte eu me atormentarei
Pelo que descobri e não encontrei,
Pelo que, pascaliano como sou,
Eu compreendi e ainda assim maldigo.
Sou o idiota mais perfeito, aliás,
Por feito mais de carne que de gás;
É esse o fado que me leva adiante,
Num mundo para o qual não sou prestante.

Tudo o que tenho as mulheres me deram,
Consolação, razão para existir.
Benditas Berenices, Beneditas,
Também sejam benditos meus amigos,
Pois gosto deles, tenham longa vida,
E até eu mesmo, que não a mereço,
Mas que a observo e sei qual é seu preço.

Ubaldo concebera seu poema em sonhos, tal como Samuel Taylor Coleridge sonhara seu "Kubla Khan". Ficou tão feliz com a recriação de suas palavras em português que resolveu destruir o original. Só me recordo dos dois versos iniciais:

Until the day I die I'll ever fret
For what I've found and I have never met...

Pensei que, no livro sugerido por Roberto, eu poderia contar alguns episódios do convívio com o João, o modo como nos tornamos amigos de infância, parceiros de alegrias e naufrágios, além dos momentos em que tivemos motivo para comemorar a vida.

Ubaldo e eu escrevemos um roteiro de cinema e mais de trinta de TV. Tínhamos planos de traduzir duas ou três tragédias gregas, editar uma versão d'*Os Lusíadas* para a juventude, graças à qual o leitor jovem poderia usufruir as belezas do poema sem o estorvo de encarar a história dos reis de Portugal repetida três vezes na epopeia. De posse da lista de nossas proezas reais ou imaginadas, fiz o primeiro balanço do livro. Essas aventuras, em geral engendradas e vividas nos botequins, eram movidas pelo trabalho, o afeto ou pela diversão. Deparei-me, no entanto, com um obstáculo talvez intransponível. Nossa amizade fez com que João e eu nos tornássemos confidentes. Falávamos sem pudor de episódios grotescos, fracassados ou até mesmo sublimes de nossa vida. Percebi que, para ser fiel a essa amizade, eu não podia trair a memória do Ubaldo, revelando suas confidências e segredos, a não ser os pândegos e docemente picarescos. Dizer a verdade sobre alguém é coisa de biógrafo inglês, que já começa por revelar os hábitos extraconjugais da mãe do biografado, que mantém um romance secreto com seu cavalariço — ou, segundo as más línguas, com o próprio cavalo, enquanto a avó materna foge para o continente com o neto do Chapeleiro Maluco.

Comuniquei ao Roberto a barreira ética insuperável. Ele não apenas a compreendeu, como também propôs que eu fizesse um apanhado de lembranças minhas, que revelasse, em vez dos segredos de minha amizade com Ubaldo, alguns dos meus próprios. Me lembrei de Gertrude Stein, que escreveu a própria biografia simulando que era a de sua amada Alice B. Toklas. Me lembrei também de *A Moveable Feast*, em que Ernest Hemingway fala mal de quase todos os seus contemporâneos em Paris, entre os quais a própria Gertrude, madrinha de seu filho, além de revelar fraquezas de Scott Fitzgerald, seu secreto rival. Pensei em fazer algo semelhante — com menos talento, mas com a sorte de ter vivido outra Época de Ouro, mito que inspira tantos carnavais literários.

Por isso estou aqui, expondo à sua leitura parte de minha vida e também da vida de algumas pessoas a quem admiro mais ou menos.

Preservarei muitos nomes, cifrados sob iniciais que correspondem ou não à realidade. Pode ser que alguns dos amigos mencionados tenham resolvido apagar o passado, por condenatório, outros não se lembrem mais de coisa alguma e outros se arrependam de suas façanhas e tenham se convertido em Testemunhas de Jeová.

Por onde começarei? Li em algum lugar que basta começar pelo princípio, continuar até o meio, depois seguir até o fim. Tenho minhas dúvidas quanto à eficácia da fórmula. Sei que estamos aqui, um diante do outro, a sós. Se eu mentisse, não convenceria nem a mim. Serei o mais sincero possível, mesmo que a sinceridade seja uma fantasia literária, sirva apenas para imaginar que exista algo semelhante à realidade, se é que há realidade num mundo reinventado pelas palavras.

Não se preocupe, não vou contar tudo. Se contasse, até eu mesmo romperia relações comigo. Suprimirei estrategicamente alguns detalhes sórdidos ou sublimes. Como escapar do feitiço das palavras? Como achar o deserto em meio à água? Não sei. Escrever contra a tirania da civilidade e das meias-palavras? Contra a semântica e a sintaxe? Será possível? Vamos tentar, minha cara leitora-leitor, minha semelhante, meu irmão.

Sabe onde encontrar as flores do bem? Nas hagiografias. Aqui só há a geografia sentimental de alguém assediado pelo delírio. Se o meu delírio for de segunda mão, terá sido furtado de Machado de Assis, assim como o dele foi furtado de Leopardi. Não tenho a pretensão de compreender a realidade. Ela me parece cada dia menos compreensível. Ou, quem sabe, mais complexa. Mas aí já estaria dourando a pílula, enfeitando o pavão. Aqui, não.

FLORES NA ESTUFA

A entrada da clínica é uma rampa de concreto cercada de jardins. Por que hospital psiquiátrico tem jardim? Pensam que os doentes mentais são flores que devem ser cultivadas em canteiros ou estufas? Ou creem que são criaturas regressadas ao estado de natureza? Não bastasse a selva selvagem que trazem dentro de si, precisam ter ao redor esse jardim de medíocres simetrias, para que, como diante do espelho, possam mirar-se em seus abismos interiores. Fiz tudo o que era possível para não vir. Sei que falei demais, circulei demais, cometi muitos erros nesse dia. Primeiro, almoçar com a família da minha ex-mulher, mãe de meu filho mais velho, Joaquim. Presente todo o elenco, meu ex-sogro, minhas cunhadas eternas. Sei que falei demais, sorri demais. O excesso de vida é insuportável para quem acredita que o ser humano tem que ser morigerado, previsível, escravo da temperança, sem jamais se lançar numa aventura arriscada de amor, tampouco se permitir entrar em estado de poesia, conviver dia e noite com a ebulição das palavras que despejam a cântaros no papel, segundo uma ordem secreta e implacável, sem que o escritor tenha o mérito ou o trabalho de domá-las. É como se fosse a materialização da ideia do escritor cavalo de santo, como se o mundo e as palavras tivessem celebrado um pacto de autonomia, e tudo, mesmo as regiões misteriosas e obscuras da alma, pudesse ser descrito com a naturalidade com que uma nuvem chove ou com que o mar produz suas ondas. Claro que o sujeito só crê em todas essas consonâncias quando está um pouco além de si. Ou muito além, como talvez fosse o meu caso.

Já havia acontecido outras vezes. Alguns anos antes entrei num voo ainda mais radical. Minhas amigas dedicadas me levaram a seus médicos da alma. Olivia me levou à sua psicanalista, E., que eu já conhecia havia alguns anos. Marilia, pragmática, me levou direto ao psiquiatra. Só meu irmão, por me conhecer desde sempre, me defendeu: "Ele é assim mesmo." Engraçado que quase todos, amigos e amigas, supunham que eu ofereceria resistência ao tratamento, que considerasse minha psique intocável. Claro que não. Adoraria que um desses doutores da alma me decifrasse, e assim revelasse a fórmula da minha alegria e da minha angústia, que andavam de mãos dadas.

Depois do almoço com a família B., embarquei às pressas num táxi. Tinha que chegar depressa à Bienal do Livro, no Riocentro, onde faria um debate com meu amigo João Ubaldo. Já havíamos feito várias dobradinhas do gênero, no Jockey Club, no anexo da Academia Brasileira de Letras e em outras latitudes. Sendo nossa terceira Bienal juntos, era, portanto, um acontecimento corriqueiro em nossa vida.

Quando cheguei, descobri que não tinha dinheiro suficiente para pagar ao motorista do táxi. Contudo, achei uma nota de cinquenta libras no fundo da carteira, que com certeza havia sobrado de uma viagem à Inglaterra, onde eu fora visitar Joaquim. O chofer era extraordinariamente simpático. Em minha imaginação, supus que o táxi havia sido enviado por minha namorada, que combinara de se encontrar comigo no Riocentro. Como estava num surto de mania, eu tinha certeza de que o universo conspirava em meu favor, imaginei que o táxi fora contratado por ela, Ana Paula Pedro, minha Anna Livia Plurabelle, que eu havia conhecido um mês antes e supunha fosse o meu cais, a minha esperança e talvez a minha destruição. Já havia intuído em meados de julho que o amor estava prestes a chegar. Não sabia se irromperia como uma fera da selva, a exemplo da metáfora de Henry James, ou se seria amável como uma orquídea do jardim da clínica.

Cheguei dois minutos atrasado ao encontro na Bienal. Percebi certa estranheza da plateia do Cabaré Literário. Eu estava muito acelerado, é verdade. Falei pelos cotovelos. Quase não deixei João Ubaldo falar, e ele falava magnificamente, gostava de ouvir a própria voz, e eu também de ouvi-lo. Mas a compulsão de falar venceu. Quando ameacei ocupar todo o espaço acústico da conversa com uma catarata de palavras, João ficou inquieto. Volta e meia eu lhe fazia uma pergunta retórica, para fingir que lhe passava a palavra. "Não preciso nem perguntar, João, sei que você concorda, não é?" E continuava falando sem esperar a resposta. O João ficava nervoso, e depois de alguns minutos de silêncio forçado, fazia uma reivindicação humorada: "Não me venha com essa maiêutica. Eu também quero falar!" Eu dizia: "Claro que você vai falar, e já sei o que você vai dizer." E tome etc. O João me olhava perplexo: não era aquilo que ele queria dizer. Mas como o novo tema para monólogo seguia adiante, ele, por delicadeza, se sentia obrigado a acompanhar.

Creio que um dos assuntos do nosso encontro na Bienal era *Diário do farol*, romance recém-publicado pelo João. Eu também deveria falar de um livro meu de poemas, mas estava muito mais interessado no romance em que Ubaldo constrói um simulacro da relação com seu pai, ríspida e incômoda. O romance alçou voo, ganhou a imprescindível distância para que se desprendesse da circunstância e criasse seu mundo ficcional próprio. No entanto, na hora de liquidar o avatar ficcional do pai, João fez questão de exterminá-lo em decassílabos, talvez para dar um tom épico à narrativa, e pediu que eu revisasse a metrificação. Foi o único assassinato que ajudei a cometer na vida.

Durante a palestra eu provavelmente disse coisas extravagantes, porém sinceras, sem pudor de *épater le bourgeois* — expressão comum nos séculos passados, quando o burguês ainda fingia que se espantava com as transgressões estéticas, e que hoje tornou-se obsoleta diante do despudor de qualquer mãe de família que se exibe na internet.

Meu filho mais moço, Antonio, tinha ido comigo, estava na plateia. Eu lhe havia prometido que traria uma namorada dos Estados Unidos, viagem que só aconteceria meses mais tarde. E como eu de fato conhecera pouco antes minha amada Ana Paula, assumi que era ela a princesa prometida que eu trouxera do Hemisfério Norte, com a qual eu seria feliz por toda a eternidade e mais um dia.

Saímos do Riocentro num táxi, eu no banco da frente ao lado do motorista, minha musa e meu filho no banco de trás, brincando de forca. Desfrutamos um pequeno intervalo de harmonia, embora houvesse ao fundo enforcamento de palavras. Me lembrei da Inglaterra elisabetana, quando a execução de um condenado era um dos festejos mais populares e havia crianças na plateia. Todos ficavam maravilhados quando, em nome de Deus e do rei (ou da rainha), o cidadão ou cidadã eram enforcados (ou decapitados), arrastados e esquartejados. Provei o mal-estar de pressentir que estava na iminência de sofrer um esquartejamento pós-moderno.

Deixei meu filho Antonio na casa da mãe dele e fui para a minha. Me deitei no colo de minha amada e chorei. Chorei por todas as alegrias e tristezas da vida inteira. As perdas os desencontros o desespero os momentos de desesperança. Chorei sobretudo pelo espectro da felicidade que sempre pairava sobre mim, e às vezes se revelava em seu esplendor. Talvez fosse a proximidade da morte, talvez fosse a vida em sua plenitude que enfim se acercava de mim.

Joaquim e Olivia chegaram, e ele, com o carinho de sempre, disse: "Pai, para o bem de sua saúde, é preciso que você se interne." Respondi que era capaz de me cuidar, obedecer a instruções de médicos, fazer tudo o que se espera de uma pessoa normal. Ele sorriu com amargor, sem fundamentos para acreditar em minhas palavras. Minha amada Ana Paula não sabia o que pensar sobre minha sanidade improvável. Então fomos para a clínica.

Vivendo por empréstimo

Meu colégio era perto da Casa de Saúde Doutor Eiras, o hospício no qual eram encarcerados alguns dos girassóis de minha geração e também das anteriores, desde os tempos do Império, até que a insensatez saltasse os muros do asilo e tomasse de assalto o mundo lá fora. Tanto o colégio quanto o hospício ficavam à margem de um morro. Do outro lado, o bairro bucolicamente chamado de Laranjeiras. Para além das Laranjeiras, a baía de Guanabara. Do outro lado da baía, a cidade de Niterói, depois as praias oceânicas, o próprio oceano Atlântico e, mais além, a Europa, a Pérsia e a China.

Claro que a leitora e o leitor cultivados sabem que o parágrafo anterior é inspirado num desenho de Saul Steinberg, que desdobra um planisfério a partir de Nova York, de onde se enxerga até o outro lado do mundo. Por acaso, encontrei a mesma descrição do mapa-múndi em *Baú de ossos*, de Pedro Nava, e em *Morte a crédito*, de Louis-Ferdinand Céline, ambos publicados antes. Não me dei ao trabalho de procurar de onde viria o original, caso contrário passaria por boa parte da literatura. Talvez chegasse até o episódio da *Ilíada* em que a ninfa Tétis encomenda a Hefesto o novo escudo de Aquiles, e o deus metalúrgico esculpe nele a Terra, o céu, os mares, o Sol, a Lua e as estrelas; duas cidades, uma delas em paz, a outra, sitiada, tendo diante das muralhas dois exércitos que se batem e mais além um campo com cavalos arando a terra e fazendeiros que tomam vinho e mel — um deles levando o gado para casa, enquanto um leão ataca um dos touros e um menino toca em sua lira a canção do dia que agoniza. Em suma, nada de novo debaixo do sol. Ouso dizer que meu caso, ainda que não fosse tão épico quanto o de Aquiles, era dramático. Fui chamado à sala da Diretora. Como era minha primeira vez, tremi nas bases. Ela me fuzilou com olhos de coronel prussiano. Não entendi suas acusações. No entanto, percebi que eu devia ter cometido algo de muito condenável. Me senti como Adão no fim da primeira parte do *Gênesis*, a voz de Deus a me cobrir de infâmias, enquanto os arcanjos de sua falange apontavam os portões do Éden com suas espadas flamejantes. Desamparado, olhei ao meu redor: onde estaria Eva? Nem sinal dela. Provavelmente tinha fugido com a serpente.

Quando fui devolvido ao pátio, vi que o mundo continuava de pé. O porteiro do colégio — digamos que seu apelido fosse Sabará — era negro como a asa da graúna e sorria tanto quanto Louis Armstrong, meu ídolo desde sempre. À saída do colégio, Sabará se dirigiu a meu irmão e a mim, como se nada tivesse acontecido, com o refrão de sempre: "Até amanhã, Seu Encrenquinha e Seu Encrencado." O Encrenquinha era eu, que tinha talento para me meter em confusão. Já meu irmão sempre foi um sujeito mais sério e elegante. Daí seu apelido, que não fazia jus às suas muitas qualidades; mas o mundo é injusto, como sabemos.

No caminho para casa, ainda que eu fosse candidato à expulsão do paraíso, a cidade também parecia a mesma. Três milhões de habitantes, quase sempre engarrafados na avenida Brasil, na Presidente Vargas ou na rua São Clemente, que era o engarrafamento nosso de cada dia. Saíamos pela rua Bambina, depois dobrávamos à direita, passando à porta da Casa de Rui Barbosa — para evitar equívocos cronológicos, esclareço que Rui não morava mais lá. Durante a travessia da rua Jardim Botânico, às vezes arranjávamos lugar para sentar no ônibus lotado. Me lembro de admirar à nossa direita o Parque Lage, palácio de estilo florentino, que no futuro saberíamos que foi construído por um armador romântico para tornar eterno o amor de sua amada.

Ao chegarmos em casa, entreguei a convocação do colégio à minha mãe. Ela leu o texto com o cenho franzido. Não gostou do conteúdo, mas, com a delicadeza e a discrição habituais, guardou para si o que havia lido, sem disfarçar a preocupação. E eu, com meus botões, me perguntava: qual teria sido o meu pecado? Naquele tempo tão próximo e tão distante, ainda não era hábito indagar aos pais qual o motivo para uma convocação assim. Coisa boa certamente não era.

Eu já conhecia de cor a lista dos mandamentos e pecados capitais, que me fora ensinada por Dona S., minha professora de religião. Certa vez imaginei um boletim com as notas que receberia se houvesse vestibular para a vida após a morte. Nos cinco primeiros mandamentos, seria aprovado com louvor. Já em matéria de não pecar contra a castidade e não cobiçar a namorada do próximo, daria com os burros n'água.

Fiz de tudo para aprender as lições sublimes de Dona S., porque percebi que precisava de aprimoramento moral e religioso. Nesse esforço catequético, costumava frequentar a casa de minha professora, que, por um ominoso acaso, ficava em frente aos portões do Cemitério São João Batista, portanto a poucos passos da eternidade. Podiam reproduzir no portão de seu edifício a inscrição de Dante no pórtico do Inferno *"Lasciate ogni speranza, voi che entrate"*. Dona S. já havia me ensinado que éramos todos compostos por uma parte mortal, que era o corpo, e outra parte imperecível, que era a alma. No fim de nossa carreira cheia de altos e, sobretudo, baixos na Terra, a parte mortal seria devolvida ao pó, de onde viemos, e a parte imortal iria para um lugar privilegiado chamado céu, uma espécie de *penthouse* onde moravam Deus e os anjos.

Anos mais tarde decompus a inscrição de Dante. Descobri que havia nela uma mensagem secreta, decifrável numa língua que, àquele tempo, ainda balbuciava o bê-á-bá, não tinha o prestígio da língua toscana:

Lasciati
Ogni speranza,
Voi che
Entrate

Ao desentranhar a palavra amor, incrustada em acróstico no pórtico do Inferno, me perguntei: qual seria a relação entre duas matérias tão dessemelhantes?

Me considerava católico devotado, quase perfeito. Minha principal falha era suscitada pela presença da filha de Dona S. Sempre que eu a contemplava, era tomado de alegria e culpa, mergulhava mais fundo em minhas orações. Caprichava naquele trecho que diz: "Não nos deixeis cair em tentação..." Talvez a menina nem fosse essa Coca-Cola toda, mas meus colegas e eu nos encantávamos por qualquer pessoa de saias, a não ser o cardeal dom Eugênio Sales.

Devolvido à solidão do presente, comecei a pensar em tudo o que perderia ao ser expulso do colégio. Já ficara atrasado em matemática, anos antes, em razão do tempo em que moramos em Brasília, exatamente na época de aprender a tabuada. Até hoje custo a me lembrar quanto é sete vezes seis. Poucos anos depois, fiquei de segunda época. Meu pai me pôs de castigo durante as férias de verão, trancado em casa, estudando. Aproveitei para reler grande parte dos livros de minha biblioteca infantil, cuja estrela maior era Monteiro Lobato, que ainda não era considerado racista e me ensinava a amar o Brasil. Sem contar os livros de adultos que eu devorava escondido. Meu favorito era *Sexus*, de Henry Miller, por razões óbvias para um adolescente.

Já havia sido punido no colégio outras vezes. Primeiro, fui suspenso por fumar no pátio. Esclareço que jamais tirei baforadas do narguilé de Baudelaire, tampouco frequentei as casas de ópio retratadas por João do Rio na *belle époque* da antiga capital da República. Fumei tabaco. Meses mais tarde, outra suspensão, aos 13 anos, por beijar minha namorada. Juro que a iniciativa do beijo não foi minha, mas o machismo daquele tempo supunha que o culpado era sempre o mordomo. Desta vez eu não era capaz de imaginar o castigo que receberia, pois a transgressão fora muito mais grave. Tão terrível que eu nem sabia qual era.

Talvez meu erro tivesse relação com D., minha ex-namorada à época, se bem que nosso romance fosse mais platônico do que o mais casto dos pupilos da Academia de Platão — que nunca foi platônico. Não me lembro como nos aproximamos. Creio que os namoros funcionam como a gravitação dos corpos, mistério que, embora explicado pelos doutores da física, jamais consegui compreender. Nossos raros beijos obedeciam a uma coreografia quase holográfica, os lábios mal se roçavam, já se supunham carregados de pecados ancestrais. Havia, entretanto, compensações. Ela me convidou, por exemplo, para assistir a um show de Roberto Carlos, no Clube Caiçaras. Conseguiu um camarote em que ficamos instalados, ela, eu e sua amiga mais íntima, para prevenir atentados que qualquer Romeu do Terceiro Mundo cometesse contra o decoro de Julieta. Menino de classe média, provisoriamente encastelado no camarote da duquesa de Milão, me senti, por um breve instante, o rei da cocada preta.

Meu reinado durou pouco. Nas férias de verão, D. embarcou para a Europa num transatlântico italiano. Enviou alguns cartões e cartas de lá. Como a correspondência levava uma eternidade para chegar e eu ainda não acreditava que existisse o futuro, nunca me atrevi a responder. Os turistas naquele tempo adoravam visitar quarenta cidades em sete dias, e, quando chegavam de volta, confundiam Waterloo com *water closet*. Não era este o caso de D., menina chique, nascida no Primeiro Mundo, mas eu recebia os seus cartões com surpresa, pois sempre tive a impressão de que o tempo e o espaço são abismos. Ainda não conhecia a frase otimista de

Guimarães Rosa: "todo abismo é navegável a barquinhos de papel". E o nosso romance sumiu na linha do horizonte.

Na noite em que recebi o bilhete azul do colégio, sob o assédio da insônia, pensei em todos os privilégios que perderia com a expulsão. Eu tinha começado havia pouco a conviver mais de perto com meus colegas cariocas. Minha família vinha do interior de Minas, com escala em Belo Horizonte, onde meus irmãos e eu nascemos. Meus pais ainda se sentiam estranhos no ninho do cosmopolitismo carioca. Meus colegas já podiam sair de casa à tarde, sozinhos. Podiam ir à sorveteria, ao cinema e até a uma casa de chá de Copacabana. Quando havia festinhas, eles ostentavam o luxo de ficar até as duas ou três da matina, enquanto eu era obrigado a voltar para casa às onze. Para não ficar desmoralizado, meu truque era sair da festa alegando que teria de passar em outra, provocando com isso a admiração dos colegas. Mal sabiam eles que meus irmãos e eu vivíamos sob toque de recolher.

A literatura era o meu consolo. Eu chegava em casa às onze, só me restava o mundo das palavras. Aos 13 anos, já havia lido versões para a juventude de alguns clássicos inofensivos. Por essa época li *O processo*, *O castelo* e *A metamorfose*, de Franz Kafka, meu escritor favorito naquele tempo. Fiquei chocado com a constatação de que *O processo* contava a história de um ser humano perseguido por um ato que não sabia qual era. Joseph K. e eu éramos companheiros de infortúnio. E, para piorar, também me sentia como alguém que despertou e viu-se transformado num abominável inseto.

A leitura de Kafka desnorteou de vez minha cabeça, que já viera ao mundo com defeito de fábrica. Não bastasse o terror kafkiano, eu era viciado em Edgar Allan Poe. Como todos sabem, seus contos e poemas são pesadelos de uma alma atormentada. E não é para menos: o poeta perdeu meia dúzia de amadas e figuras maternas, devoradas por doenças românticas. Lenore, Ulalume, Annabel Lee, suas namoradas defuntas quase sempre tinham a letra *l* em seus nomes, como a Lolita de Nabokov, a Lulu de Wedekind, a Lilith e outras *femmes fatales*.

Para escapar do baixo-astral, eu lia e relia Machado de Assis, desde os primeiros romances até meus favoritos, *Memórias póstumas de Brás Cubas* e os contos. Achei abrigo e diversão no ceticismo machadiano e no seu modo de criar personagens frívolos e cínicos, dispostos a descumprir os pactos e a palavra empenhada, voltar atrás em suas falsas convicções e às vezes chegar ao requinte de perceber o ridículo da própria impostura. Em suma, não eram mais os heróis românticos: era gente como a maior parte dos seres humanos que eu via no colégio.

Confesso que não gostei tanto de *Dom Casmurro*, talvez porque a questão central do livro, o ser ou não ser de Bentinho, me parecesse antiquada. Nunca me interessou saber se Capitu teve ou não seu romance extraconjugal com Escobar, embora eu percebesse que Bentinho tinha um talento irresistível para marido traído.

Já naquele tempo, intuí que Machado era autor de parábolas fundamentais para a compreensão do Brasil. Li a novela *O alienista*, numa coletânea que Autran Dourado dedicara a meu pai. Percebi que aqui, nos subúrbios do Ocidente, não é fácil distinguir sanidade e loucura. Depois li *Esaú e Jacó*, protagonizada por um par de gêmeos que pertencem a partidos políticos antagônicos, monarquista e republicano. Ambos são radicais na defesa de seus credos. No final da história, por motivos fúteis, os dois trocam de partido, o republicano vira conservador e vice-versa. Machado parece dizer que, pelo menos no Brasil, a fidelidade ideológica é igual a Capitu. Se bobear, ela capitula.

Outro dos meus livros prediletos era *Robinson Crusoé*. Talvez haja restrições antropológicas ao herói-marinheiro que naufraga numa ilha e escraviza educadamente um índio. Ao contrário de Caliban — que é um anagrama de canibal e tenta devorar a filha de seu patrão —, Sexta-Feira é a encarnação do bom selvagem, faz tudo o que seu mestre mandar. Eu me sentia confinado na madrugada como um Robinson sem Sexta-Feira na solidão de sua ilha.

Mas ler é a arte de viver por empréstimo. O grande momento de minha militância de adolescente eram as festas de sábado, sobretudo as do Clube Campestre da Guanabara, pelo qual eu tinha simpatia política desde priscas encadernações: seu prédio principal tinha sido a sede do Quilombo do Seixas, onde um português antiescravista escondia um vasto grupo de pretos foragidos. Reza a lenda que foi dos canteiros do Seixas que saíram as camélias, símbolo da Abolição, a caminho do Palácio Guanabara, onde a Princesa Isabel assinou a Lei Áurea, que libertou os escravos do Brasil, ou decretou a precarização permanente da vida dos escravizados. Foi um golpe de marketing tão bem tramado que, em nome da liberdade, os deserdados foram despojados de todos os direitos e os príncipes ganharam fama de benfeitores da pátria.

O parágrafo anterior foi especialmente escrito para mostrar as boas intenções políticas do autor, mas, para ser sincero, meu atrativo maior no Campestre não estava no passado. As festinhas começavam oficialmente às nove e meia. Por volta das dez, dez e meia, começavam a chegar as meninas. Antes disso, era hora de achar uma boa mesa, um barman amigo, que garantisse fornecimento de álcool nas mais diversas configurações. Cuba-libre era a bebida da moda, mas bebia-se também um xarope chamado hi-fi e alguma vodca só com gelo, ou às vezes com rodelas de limão. Aliás, as vodcas que bebíamos provocavam ressacas hediondas. Deviam ser fabricadas no Paraguai ou num alambique da Baixada Fluminense. Bastavam duas doses e já ficávamos cheios de amor pra dar.

As meninas chegavam a bordo das minissaias, consagradas ao som dos Beatles, penúltima moda planetária produzida pelo Império Britânico. Também usavam uma espécie de meia-calça, mesmo quando fazia aquele calor do verão do Rio de Janeiro, que nunca mereceu ser chamado de senegalesco, porque já bateu diversas vezes as máximas do Senegal. Não bastassem os encantos naturais e sobrenaturais, as meninas prendiam os cabelos com uma faixa no meio da cabeça, à qual acoplavam uma peruca que escorria até as costas.

Depois de árduas negociações domésticas, consegui licença para permanecer nas festinhas do Campestre até as três da madrugada, desde que acompanhado de amigos. Nosso projeto de felicidade começava com a observação das meninas recém-chegadas. A segunda parte consistia em trocar olhares com as mais bonitas e charmosas da noite. Caso a gatinha não se entusiasmasse com a corte, cada um de nós recorria a uma segunda opção. Ou a uma terceira, uma quarta etc., até que a menina correspondesse inequivocamente aos nossos olhares. De posse da certeza do interesse mútuo, eu me aproximava e tirava a menina pra dançar.

A dramaturgia do encontro era cheia de sutilezas. Começávamos a dançar de longe, embalados por um dos sucessos da época. No primeiro estágio, eu torcia para que o discotecário tocasse duas ou três músicas animadas, para que a garota exibisse os dotes coreográficos e ficasse cheia de si. Depois torcia para que tocasse uma balada romântica, para que pudéssemos nos aproximar um do outro. Nesses momentos, nós, meninos, adotávamos posição semelhante à da umbigada, arqueávamos o corpo para a frente, enquanto as donzelas defendiam seu patrimônio curvando o corpo para trás. Quem nos visse a distância, recém-chegado de outra galáxia, julgaria que os terráqueos éramos todos contorcionistas.

Outro ingrediente da estratégia era oferecer à menina uma cuba-libre ou um refrigerante, qualquer coisa que coubesse em nosso precário orçamento, depois convidá-la para ir até a varanda panorâmica do clube, onde a música era mais baixa e se podia conversar, ainda que minha conversa fosse menos interessante do que a delas. O objetivo final era ir com a garota até o extremo da piscina, onde havia grades em que a gente podia se encostar, trocar beijos e finalmente chegar à fase das carícias não mais furtivas nem falsamente acidentais.

Infelizmente, há uma distância entre a teoria e a prática, como diziam Marx e Benedito Valadares. Poseidon e os ventos não sopravam a meu favor, tampouco Palas Atena vinha em meu socorro. Minhas boas intenções eróticas naufragavam antes de chegar aos muros de Troia. Não digo que eu sofresse de urucubaca. Eu me lembro de uma noite específica, a da festa de aniversário de 14 anos de uma colega que morava no Jardim Pernambuco, que ainda não era conhecido por esse nome. A festa era metida a chique: os meninos eram obrigados a providenciar paletó e gravata para a ocasião. Improvisei meu figurino de impostor e fui à festa em companhia de J., meu único amigo que tinha enxoval compatível. Acho que, nesse momento do século passado, eu ainda namorava D., mesmo que nossa relação, como já expliquei, mais parecesse de pessoa jurídica do que de pessoa física.

Ainda assim, creio que o fato de estarmos juntos provocou o ciúme dos mauricinhos presentes. O mais velho e recalcado deles, que devia ter a avançada idade de 15 anos, resolveu me provocar. Fiz todo o possível para me esquivar da batalha. Em vão. Não havia como fugir, era como no Velho Oeste ou na Idade Média.

Olhei ao meu redor em busca do J. Desaparecera. Claro, não queria presenciar minha catástrofe, muito menos sofrer represálias por ser meu amigo. O pior é que meu adversário, além de mais velho e mais forte do que eu, tinha em torno de si toda a sua turma, excitada com a iminência do confronto.

Tirei o paletó improvisado, arregacei as mangas da camisa e saí da casa de minha colega, pronto para o holocausto. Caminhamos para a rua, ao lado do pequeno largo e do beco que ainda existem no mesmo lugar. Começamos a girar, meu contendor e eu, ainda em fase de estudos pugilísticos, no meio da roda formada pelos amigos dele. Naquela altura do campeonato, me identifiquei com o coronel Custer cercado pelos *sioux* e os *cheyennes*. Meu massacre era iminente. De repente, soou a corneta anunciando a chegada da cavalaria. Quer dizer, não propriamente cavaleiros, mas meus amigos da rua Visconde de Albuquerque e cercanias, todos mais velhos e mais espertos do que eu. Um deles me reconheceu em meio à roda e gritou, com autoridade: "O que é isso? Que covardia é essa?"

Para minha sorte, um de meus amigos era primo da anfitriã e tinha sido convidado para a festa. O parentesco me permitiu regressar ao ágape em companhia da galera, com pompa e circunstância, tendo agora a minha turma como guarda pretoriana. Depois desse episódio, insuflada minha tendência ao otimismo patológico, pensei que os deuses conspirariam para sempre em meu favor. Passei a saborear meu daiquiri como se fosse o néctar do Olimpo.

Semanas depois voltei ao Campestre, com a empáfia de um Calígula do subúrbio. À medida que as meninas chegavam, considerei que, enfim, o universo fazia sentido, e que eu, que nunca conseguira ficar de pé numa prancha, surfaria as ondas do cosmo. Só faltei proclamar a república.

Arranjei a melhor mesa da piscina do clube, por obra do acaso. Vi chegar uma menina bonita, de vestido curto. Não chegava a rivalizar com Anna Karina, estrela de Jean-Luc Godard, mas, até onde me lembro, era uma neossílfide estilo roquenrol. Trocamos olhares, sempre reciprocados com sorrisos disponíveis. Tomei uma cuba-libre e me levantei. Meus amigos, sentados à mesa, sugeriram que a gatinha era muita areia pro meu caminhão. Apesar disso, respirei fundo e caminhei até onde ela estava, diante do bar, pensando em qual seria o texto de minha abordagem. Gostaria de dizer alguma coisa poética e arrebatadora, mas não me chamava Shakespeare e não morava em Stratford-upon-Avon. Disse apenas:

— Quer dançar?

— Claro! — Foi a resposta enfática que ela deu.

A moça sorriu e saímos dançando o foxtrote da esperança. Claro que não era foxtrote, gênero que fez sucesso quarenta anos antes. Certamente era música americana, no máximo latino-americana, ainda havia poucos latinos infiltrados na música planetária, quase sempre de língua inglesa, entre os quais Trini Lopez, cantor de "La Bamba" e "America", e José Feliciano, que regravou "Light my fire". Naquelas festas não se tocava música brasileira. Éramos ainda mais colonizados do que hoje. Mas não era hora de discussões geopolíticas: adolescente dança conforme a música.

Saímos bailando, a menina e eu, convertidos em Ginger Rogers e Fred Astaire. Reproduzi uma coreografia que aprendera com minha irmã, extraordinária bailarina de 10 anos, graças a quem ganhei concursos domésticos de twist. Não farei flashback a propósito de Chubby Checker para não transformar este relato em mais uma das inumeráveis imitações de Tristram Shandy. Qualquer dia volto a falar sobre isso.

Quando chegou o momento da música lenta, para minha surpresa, a moça se enlaçou no meu pescoço. Era um progresso muito acima de minhas expectativas, mas me adaptei como pude àquela feliz circunstância. Enlacei-a também, como se fosse a coisa mais comum em minha vida. Ao fundo, provavelmente, tocava *You're just too good to be true*, o que, no meu caso, era a pura verdade.

De repente, a moça chegou mais perto do meu ouvido e disse:

— Vamos tomar um arzinho?

Fiquei atrapalhado. Era uma antecipação brutal dos meus planos. Achei que levaria séculos para convencê-la a dar um pulo lá fora. Fiz o possível pra fingir que achei normal. Ofereci uma cuba-libre. Ela aceitou. Bebeu a dela de um só trago. Em seguida, me disse:

— É bonito aqui...

E eu, aparvalhado, respondi:

— É...

Ela olhou para o extremo da piscina e disse:

— Deve ser bacana a vista ali daquelas grades. Você me leva até lá?

Não acreditei. Era bom demais pra ser verdade, como dizia a letra da canção. Quando chegamos às grades, achei que devia honrar, pelo menos em parte, a minha condição de candidato a macho dos anos 1960: abracei-a com delicadeza. A moça me tascou um beijo na boca.

Correspondi. Passamos um quarto de século ali, agarrados. Não vou entrar em detalhes, todo mundo já passou por situações assim, a não ser os misantropos, os misóginos ou eu, que só pegava resfriado. Imagino que tenhamos voltado ao salão quando tocou "Satisfaction", dos Rolling Stones, a música mais animada da época. Bastava a guitarra de Keith Richards tocar o *riff* inicial, todo mundo corria pra dançar. Acabou "Satisfaction", entrou de novo uma música lenta. Voltamos a dançar colados, sem precisar dizer uma palavra, trocando beijos e carícias. Achei que ela era a mulher da minha vida, pelo menos nas próximas duas horas. Fiquei ali a me deleitar com aquele milagre semelhante aos do Novo Testamento. Eu estava no céu.

De repente, a festa acabou. A música parou. A luz do salão se acendeu, as pessoas perderam a graça. A moça se despediu de mim com inexplicável ausência de afeto. Adeus.

Suspirei. Aceitei a partida. Ainda iluminado pela conquista, fui me reunir aos meus amigos. O mais próximo de mim comentou:

— Se deu bem, hein?

Devo ter assumido um ar ridículo de falsa modéstia, a exemplo de um comediante da época cujo refrão dizia: "É chato ser gostoso..." Reunimos nossa tropa, meia dúzia de adolescentes, entre os 14 e os 17, sendo eu o mais novo. E nos dirigimos, felizes, para a porta do Clube Campestre. Embriagados de vida e de cuba-libre.

Assim que botamos o pé na rua, senti uma pancada no maxilar. Achei que era imaginação de adolescente alcoolizado. Veio outra. E outra. E mais outra. Logo percebi que as pancadas eram reais. Olhei ao redor, em busca de socorro. Onde estariam meus amigos? Desapareceram, num passe de mágica. Eu podia ter concluído que amigos são como aves de arribação: quando o mar não está para peixe, te deixam na mão. Fiquei ali, apanhando, no meio daquela roda de vândalos. Percebi tardiamente que minha companheira de baile era namorada do chefe da Turma do Leme, uma das mais selvagens do Rio. Talvez toda a simpatia que ela tinha demonstrado por mim fosse um artifício para despertar a fúria — e a paixão — do namorado, o bambambã da gangue. Quem me salvou foi o porteiro, que tinha o apelido de Murundunga. Com seu respeitável corpanzil, uns 120 quilos de autoridade, ele berrou:

— Larga o menino!

Seu vulto, recortado contra as luzes da portaria, inspirava medo. Intimidados, os facínoras pararam de bater em mim e começaram a descer a ladeira. Agradeci ao Murundunga, meu amigo do peito. Depois ele se tornaria porteiro da Pontifícia Universidade Católica, onde estudei e dei aulas durante uma eternidade. Sempre que passava por ele, eu dizia: "Grande Murundunga, meu salvador da pátria!"

Mas voltemos à noite fatídica. Entrei no apartamento de minha família com o rabo entre as pernas. Fui para a cama pé ante pé. Silenciei sobre a aventura, embora meu maxilar e outras províncias de minha precária estrutura corporal guardassem recordações inesquecíveis da refrega. Refleti de novo sobre o estratagema da menina: como eu era burro! Resolvi guardar o segredo, temendo a repercussão. E meus amigos?

Eram como Rosencrantz e Guildenstern, a quem Hamlet diz frases de um niilismo elegante e *avant la lettre*. Pra piorar, eu não era príncipe nem aqui nem em Tribobó. Meu calvário de aprendiz da vida noturna ainda não tinha chegado ao fim. Um de meus supostos amigos, que havia me abandonado diante dos vândalos do Leme, relatou meu quase linchamento à mãe dele, que por sua vez o relatou à minha. Resultado? Meu pai me pôs de castigo por alguns meses, sem direito a frequentar clubes que me aceitassem como atleta.

Todas essas lembranças sinistras me ocorreram no dia em que fui chamado à sala da Diretora. Compreendi que, no passado recente, meu pai me impusera o isolamento social num esforço de preservação da prole. Agora, que eu me tornara um pária, qual seria o meu castigo? Seria enviado para o Caraça, o colégio-seminário plantado na solidão sinistra das montanhas de Minas, cujas imagens me pareciam semelhantes às da Transilvânia? Seria confinado num reformatório, palavra-pesadelo que assombrava a minha infância? Comecei a me lembrar dos piores cárceres que conhecia. A ilha-presídio de *O conde de Monte Cristo*. A prisão do Máscara de Ferro. Qual seria o desfecho de meu trágico destino?

Estranho no paraíso

Chegamos ao Rio em 1956. Eu tinha 3 anos de idade e meu irmão, Nando, 2. Minha irmã, Maria Elizabeth, ainda não tinha feito o primeiro aniversário. Papai viera pouco antes para assumir o posto de secretário particular de JK, presidente recém-eleito. Fomos morar em Copacabana, na rua Pompeu Loureiro, em frente ao Corpo de Bombeiros. Antes disso, sei que moramos em Belo Horizonte, numa casinha no bairro da Serra. Não tenho memória desse período, a não ser fulgurações frágeis de lembranças, talvez incutidas em mim pela família. Sei que dei trabalho desde o nascimento, pois não queria sair do ventre de minha mãe, onde suponho que me sentia pleno. Foi preciso que o médico recorresse ao fórceps para me extrair de lá. Devo ter saído sob protesto.

Metade de minhas extravagâncias psíquicas talvez decorra disso. Como primeiro neto da família paterna, dizem que fui muito paparicado por minhas tias. Devia ser um cavalinho amestrado dando voltas no picadeiro do circo. Elas diziam coisas fabulosas a meu respeito, nas quais acredito pela metade. Dizem que eu falava pelos cotovelos desde os 9 meses. No primeiro aniversário, eu teria proferido a palavra liquidificador. Verdade ou não, continuei a ser liquidificado pelas palavras.

Temos poucas fotografias de nossa primeira infância. Nossa família não tinha máquina fotográfica, nem o hábito de registrar a vida. Quando nos mudamos para o Rio, uma das primeiras providências de minha mãe foi nos levar até um fotógrafo profissional, que ficava ao lado do Cine Roxy, na avenida Copacabana. Numa foto doméstica, me lembro que meu irmão e eu posamos vestidos de caubói, minha irmã vestida de boneca inglesa — pelo menos assim guardei a foto na memória, não me atrevo a consultar meus arquivos para conferir se a recordação é ou não verdadeira.

Não estranhei o Rio. Estranhei foi não ter vivido aqui desde sempre. A cidade dos anos 1950 fazia justiça às lendas. Embora frequentássemos Copacabana, éramos como os inocentes do Leblon, em nossa efêmera eternidade. Pegávamos os primeiros jacarés — expressão que talvez se deva ao fato de que existam tantos crocodilianos, no sentido próprio e figurado, na Barra da Tijuca e em Jacarepaguá. Expúnhamos os corpos ao sol, que naquele tempo ainda esplendia sem contraindicações. Às vezes íamos até Ipanema, onde havia conchas extraordinárias e cachos de tatuís quase à flor da areia.

No futuro eu descobriria que a cidade fora edificada entre muitas lagoas aterradas. Era uma espécie de Tenochitlán do sul. Pescávamos às margens da antiga Sacopenapã, hoje Rodrigo de Freitas. Geralmente o nosso local favorito era a futura praça Augusto Frederico Schmidt, que será mencionado de maneira oblíqua e dissimulada neste relato. Meu herói Antonio Carlos Jobim me diria que, no tempo de sua juventude, a lagoa ainda era transparente e cheia de peixes. Pensei que era exagero ecológico. Hoje, ao observar as fotos dos anos 1930 e 1940, constato que seu retrato era irretocável.

O Rio de Janeiro se tornou a minha pátria adotiva, ou pelo menos minha mátria. Minas Gerais era cheia de pedras no meio do caminho, como nos ensinaram os poetas Cláudio Manuel da Costa e, mais tarde, Drummond. Foi nesta cidade à beira-mar que aprendi a carnavalizar minhas tristezas e meus futuros. Futuros esses quase sempre utópicos, porque também foi aqui que aprendi que a realidade é uma alucinação provocada pela falta de poesia.

Compreendi o fascínio que aquele lugar exercera sobre todos os que ali porventura arribassem. Se eu fosse Vasco da Gama, desistiria de continuar no caminho para as Índias; se fosse um tupi do interior, faria o possível para desalojar os colegas da beira-mar; se fosse francês, fundaria uma sucursal de Paris, onde todos viveriam segundo as utopias pré-iluministas; se fosse um tupi da beira-mar, passaria a vida em adoração aos deuses da natureza; se fosse Estácio de Sá, fundaria uma cidade, mesmo que isso me custasse uma flechada fatal.

Fiquei fascinado pelo mar, como quase todos os mineiros. Galopava pela praia em meu cavalo imaginário. Tinha planos de ir à Lua, ou pelo menos de ter a vida de Miguel Strogoff, o emissário do Czar. As estepes da minha Sibéria eram as areias de Copacabana. O próprio Júlio Verne me ensinou que é preciso guardar uma reserva de otimismo diante de qualquer vicissitude. Strogoff, o emissário do Czar, fica cego. Pensa que ele desistiu? Nada. Mesmo cego, ele vagueia sem rumo pelos confins da Rússia, até encontrar o Rasputin, que lhe passa uma lâmina incandescente diante dos olhos e, por milagre da ficção, volta a enxergar. Depois de ler *Miguel*

Strogoff, por volta dos 7 anos, passei a cultivar uma confiança cega na oftalmologia.

Minha mãe também adorou a cidade grande. Havia nela certa liberdade para as mulheres. Suas novas amigas fumavam, dirigiam carros, coisa pouco comum na maioria das cidades do interior. Era possível ir ao cinema sozinha, nas raras vezes em que ela se livrava provisoriamente de nós, seus três filhos. Guardei na memória alguns de seus filmes favoritos, *Zorba, o Grego*, *Morangos silvestres*, *Noites de Cabíria*. Era uma cinéfila sofisticada; eu, um debiloide da pátria. Meu herói mais intelectualizado à época era D'Artagnan, o caçula dos três mosqueteiros, que, como todos sabem, eram quatro.

Papai saía de casa todos os dias às cinco da manhã. Era encarregado de organizar a agenda do presidente JK às seis, no Palácio das Laranjeiras, um dos edifícios mais refinados da cidade, construído pelo playboy Eduardo Guinle. Reza a lenda que cada uma das alcovas do palácio era destinada a receber uma das amantes do playboy da *belle époque*, reservando-se a sétima para seu repouso semanal: vida de grã-fino não é mole.

JK exalava simpatia para quase todo o universo. Papai era das poucas pessoas que conheciam seu mau humor e os desaforos que proferia de manhãzinha, enquanto tomava banho na banheira de mármore com detalhes em ouro construída por Guinle.

A missão matinal de papai era convencer o presidente a conceder audiência às autoridades da República, por exemplo, a José Maria Alkmin, ministro da Fazenda, ou ao ministro da

Guerra, marechal Henrique Duffles Batista Teixeira Lott. Já o presidente sempre foi sincero ao declarar que não aguentava desperdiçar o dia todo "namorando homem", expressão talvez criada por Otto Lara Resende, imprescindível para a política daquela Era das Cavernas. Ante qualquer proposta de audiência, dizia:

— Não aguento mais essa chateação! Resolva você!

Papai corria ao Palácio do Catete para atender aos telefonemas, ouvir as reivindicações de gregos e goianos, marcar ou cancelar encontros do presidente.

O governo vivia pisando em ovos. A posse de JK fora ameaçada por um golpe fomentado por Carlos Lacerda, cuja temível oposição já havia levado Getúlio ao suicídio e, em futuro não distante, ajudaria a derrubar João Goulart. Reza a lenda que, em meio ao golpe contra a posse de JK, o marechal Lott teria chegado candidamente à sua casa, na Vila Militar, com a ideia fixa de fazer a sesta. A esposa, indignada, interveio:

— Henrique, você escutou no rádio que há um golpe em marcha? Que os golpistas querem impedir a posse do presidente eleito?

O marechal murmurou qualquer coisa, fez menção de deitar-se para dormir. Até que ela voltasse à carga:

— Henrique, você não pode aceitar esse golpe. Tem que ir ao palácio agora, para garantir a Constituição!

O marechal se levantou, aborrecido com o encargo, e foi para o palácio providenciar a posse do presidente eleito. Se fosse Getúlio Vargas, teria dito: "Saio da cama para entrar na história."

***

O presidente passava as manhãs no Catete. Atendia às emergências, administrava os chatos, com impaciência. Almoçava ao meio-dia. Depois descia ao jardim, onde o esperava seu carro oficial, um daqueles carrões americanos que hoje só se veem em filme cubano — ainda não havia indústria automobilística brasileira. JK deitava-se no banco de trás, para não ser visto por quem passasse na rua, e embarcava rumo ao paraíso. Não vou entrar em detalhes: cada um acredita no paraíso que lhe convém.

Papai tentava se equilibrar no trapézio da República. Passava a manhã na corda bamba, até descascar o primeiro pepino. Quando passava o sufoco, corria até o bar do hotel Novo Mundo, ao lado do Palácio do Catete, para tomar uísque, enquanto pensava em como descascar o próximo. Passava o dia recebendo as autoridades, em geral inconformadas por não serem atendidas pessoalmente pelo presidente. Ouvia as reclamações, inventava desculpas. Seu truque mais constante era revelar pelo menos parte da verdade, porque ela certamente seria descoberta. Afirmava que tentaria marcar a audiência para os próximos dias. Mais um *pit stop* no bar do Novo Mundo, para fechar alguma aliança política ou apenas para aliviar as tensões do dia. Voltava para casa à meia-noite. Não sei como conseguia dormir com a República a fermentar em seu cérebro.

A tensão era tamanha que papai e mamãe resolveram aderir a um método que ganhara prestígio havia pouco na praça do Rio de Janeiro: a psicanálise. Mamãe me contou mais tarde que suas sessões foram valiosas para enfrentar o admirável mundo novo da capital. Tudo tão diferente e ao mesmo tempo tão parecido com a política que ela conhecia desde a infância, no interior de Minas. Já papai chegava ao consultório do Dr. K. às cinco da manhã. Não tinha tempo para falar de si. Além disso, seu psicanalista, o Dr. K., tinha mais interesse nas intrigas do palácio do que nos padecimentos do paciente.

Papai raramente falava de suas façanhas. De uma delas, no entanto, tive a alegria de presenciar o desfecho. O presidente da Confederação Brasileira de Desportos, João Havelange, trouxe ao palácio a notícia de que o Brasil não poderia participar da Copa de 1958, porque a CBD não tinha dinheiro para as passagens. Papai era fã de futebol, embora fosse quase tão perna de pau quanto eu. Levou João Havelange a JK, enumerou as façanhas futebolísticas da Seleção, e o presidente liberou a verba.

Ganhamos nossa primeira Copa do Mundo. Perdemos parte de nosso complexo de vira-lata, o fantasma decifrado por Nelson Rodrigues, que volta e meia nos assombra de novo. Meu irmão e eu, aos 5 e 6 anos, fomos levados por papai ao Catete para assistir à chegada dos campeões, entre eles, Garrincha — que todas as crianças e adultos amavam por sua alegria circense com a bola no pé — e um adolescente com sorriso simpático chamado Pelé.

Os abacaxis da República

Papai também era encarregado de cumprir tarefas difíceis. Certa vez, em nome do governo, foi enviado ao apartamento de Luís Carlos Prestes, secretário-geral do Partido Comunista do Brasil, para lhe pedir que encerrasse uma greve geral no Rio de Janeiro. O cognominado Cavaleiro da Esperança morava perto de nós, ao lado da praça Eugênio Jardim. Se a visita fosse descoberta e divulgada por qualquer jornalista, papai seria exonerado, porque o PC era clandestino. Anos mais tarde ele me contou que a conversa foi simpática e informal. Prestes se dispôs a acabar com a greve. Pediu como contrapartida que o governo tabelasse o preço do feijão-preto, gênero de primeira necessidade para os cariocas. JK aceitou a barganha.

Entre outras missões, papai foi designado para construir pontes com o governador de São Paulo, Jânio Quadros, cotadíssimo para ser o próximo presidente. JK já enviara como emissários Tancredo Neves, depois José Maria Alkmin, dois craques em matéria de diálogo. Ambos fracassaram. Jânio era uma esfinge. Como derradeiro trunfo, o presidente decidiu enviar papai a São Paulo, mesmo sabendo que seria obrigado a passar um dia sem o seu faz-tudo.

Quando papai chegou ao Palácio dos Campos Elíseos, antiga sede do governo de São Paulo, Jânio já estava à espera e perguntou-lhe se bebia. Era como se perguntasse ao macaco se aprecia banana: papai bebia em quantidade industrial. Só que Jânio bebia em quantidade de hidrelétrica. Precisava de muitos reservatórios de uísque, além de outros destilados e fermentados, para movimentar suas turbinas. Abriu uma garrafa de Old Parr 750 ml, que à época era muito usada como base de abajur. Os dois a enxugaram em menos de duas horas. Papai deve ter se lembrado do vasto anedotário que corria sobre Jânio. Perguntado por um repórter se de fato bebia doses cavalares de uísque, Jânio respondeu, com seu português barroco: "Bebo porque é líquido; se fosse sólido, comê-lo-ia." Como a conversa fiada estava boa, JQ aproveitou para abrir outra garrafa, e os dois continuaram bebendo, naquele clima de cerca-lourenço, costeando o alambrado do assunto.

No meio da segunda garrafa, Jânio resolveu desabafar, com sua voz e seu estilo cheio de ênfases e pausas teatrais:

— Estou *muito* doente, meu caro. Muito! Necessito tratar-me. E não posso tratar-me aqui. Somente na Suíça há remédio para os meus males.

Discreto como de hábito, papai nem sequer perguntou qual era o mal que afligia o governador. Lembrou que, oportunamente, o Brasil enviaria nas próximas semanas uma delegação diplomática a Genebra. Argumentou que, se Jânio a chefiasse, seria uma saída para que ele cuidasse de sua doença sem que isso fosse combustível para especulações da imprensa.

Jânio adorou a ideia. Os dois aproveitaram para enxugar a segunda garrafa. Para selar a intimidade, o governador ofereceu a papai um pijama retirado de seu guarda-roupa pessoal — detalhe que me foi revelado anos depois por nosso primo José Aparecido de Oliveira.

Na manhã seguinte, papai voltou às pressas à capital da República e correu até o presidente. JK ficou encantado com o resultado da viagem:

— Com esse maluco na Suíça, teremos paz para governar, pelo menos durante algumas semanas.

Papai deve ter saído do palácio em estado de graça. Jânio era, com certeza, o maior abacaxi da República. Com a ordem do presidente, enviou convite oficial do governo para que Jânio chefiasse a missão diplomática. Em resposta, o governador convocou toda a imprensa do país. Revelou que havia recebido o convite, que provavelmente qualificou de insidioso. Com sua retórica e teatralidade habituais, declarou que o fato era prova de que o presidente da República queria "torná-lo cúmplice de seus desmandos". Afirmou que resistiria a toda e qualquer tentativa de sedução do governo federal.

Papai deve ter ficado arrasado com o desfecho da aventura. JK o consolou:

— Agora, pelo menos, temos um canal para falar com esse maluco.

Meu pai, perplexo, perguntou:

— Quem, presidente?

— Você.

JK acertou na mosca: Jânio passou a visitar nossa casa, sempre que vinha ao Rio. Dizia que era o único reduto de moralidade do governo JK, como se ele, JQ, fosse modelo de probidade republicana. Criou-se um problema grave. Morávamos num apartamento de três quartos. Não havia aposentos adequados para receber o governador de São Paulo. Só de assessores diretos, Jânio traria cerca de trinta pessoas, um séquito digno do marajá de Burundi. Para que a conversa política tivesse um mínimo de privacidade, papai comprou duas poltronas estofadas com revestimento plástico azul. Instalou-as num minúsculo jardim de inverno — digamos que fosse um jardim de primavera —, em que só cabiam as duas.

Nosso edifício parou quando a comitiva de JQ chegou. Seu séquito explícito derramou-se escada abaixo, já que não havia acomodações para todos. Houve uma conversa breve de Jânio e papai na sala, diante de assessores e secretários. A um sinal positivo de Jânio, papai fez menção de conduzi-lo até o jardim de inverno.

Não contava com nossa rebelião contra a invasão janista. Meu irmão e eu corremos antes dos adultos e nos aboletamos nas poltronas. Jânio, estupefato, perguntou: "Meninos, o que vocês estão fazendo aqui?" Retruquei: "Esta é a cadeira nova que papai comprou. Ninguém vai sentar aqui!" Jânio sorriu e voltou para a sala comentando: "Essas crianças vão acabar destruindo o apartamento."

Sonetos do exílio

Desde então, toda vez que JQ vinha ao Rio, eu era enviado à casa do amigo mais velho de meu pai, Newton Andrade. Confesso que senti falta de rever o demagogo mais perfeito que jamais conheci. O consolo é que meu anfitrião me ensinou a admirar os poetas Cruz e Sousa e Augusto dos Anjos. Até hoje sei de cor os poemas que aprendi com saudade das aves que aqui gorjeiam, convertidas nos urubus do meu exílio. O primeiro que decorei foi de Cruz e Sousa. Tinha o título simpático de "Caveira":

Olhos que foram olhos,
Dois buracos agora fundos
No ondular da poeira
Nem negros, nem azuis, nem opacos,
Caveira...

Dr. Newton, como o chamávamos, também tinha em casa a coleção completa de Júlio Verne, com encadernação cor-de-rosa, que também podia ser vermelho desbotado pelo tempo. Ele me emprestou alguns exemplares, que, infelizmente, devolvi. Creio que foi na casa dele que fiz as primeiras viagens de longo curso, *Vinte mil léguas submarinas* e *A volta ao mundo em oitenta dias*. Também era dele a edição de *Miguel Strogoff*.

Em nossa casa, o autor que eu mais lia era Monteiro Lobato, *O poço do Visconde*, *Emília no País da Gramática*, além de *Reinações de Narizinho* e *Caçadas de Pedrinho*, depois incluídos no índex dos livros malditos, pelo racismo de seus pensamentos e palavras, racismo esse que jamais pensei em investigar, por amor de Emília e do Visconde.

As coleções de clássicos para crianças não faziam justiça nem a uns nem outros. Imagine ler *Moby Dick* sem a linguagem pomposa e o niilismo maluco dos anti-heróis de Melville. Só muitos anos depois descobri que, mais do que a história de uma baleia e de um homem obcecado por matá-la, o livro é uma alegoria sobre a condição humana. O embarque de Ismael, como diz o próprio, faz "parte do programa da Providência". Em suma, é uma aventura metafísica.

Dr. Newton Andrade adorava meu pai. Era a única pessoa rica de nossas relações. Ia quase todos os anos aos Estados Unidos, que, naquela época, ficavam muito longe, quase em outra galáxia. Nós, lá em casa, nunca tínhamos passado de Araruama.

Ele me trouxe presentes inesquecíveis *made in USA*. O primeiro foi o globo terrestre inflável de plástico. Eu jamais tinha visto algo semelhante. Decorei todos os países e capitais no final dos anos 1950. Hoje, se consulto o mapa-múndi, constato que mudou a África, mudou a Ásia, mudou até a Europa, que se considerava dona do mundo. Quando a Macedônia mudou de lugar e virou um país estranhíssimo, sem respeitar Alexandre, o Grande, desisti de acompanhar o bonde da geografia.

Outro presente maravilhoso foi um abajur-réplica do navio *Queen Mary*. Passei a noite inteira em êxtase, admirando as luzes do Império Britânico que, pelo menos aqui em casa, jamais naufragou. Anos depois dr. Newton me trouxe uma versão de uma das primeiras naves espaciais do Programa Apollo, fabricada pela Revell. Como eu ainda não tinha condições intelectuais de montá-la — nem as adquiri depois —, foi o filho mais moço dele que veio à nossa casa e passou o dia empenhado na tarefa. A derradeira maravilha norte-americana durou pouco: num acesso de fúria provocado por algum deslize de minha parte, mamãe, à falta de chinelo, lançou o foguete nas minhas costas. E o Programa Apollo, pelo menos no Brasil, foi pras cucuias.

O pai do dr. Newton, Redelvim Andrade, havia sido um dos maiores vendedores de pedras brasileiras. O filho herdou o ofício e passava os dias em seu escritório bebendo uísque. Entre seus muitos companheiros de copo, havia dois almirantes. E o dr. Newton cedo percebeu que conhecer o pensamento deles era assunto de segurança nacional. Além da tentativa de golpe antes mesmo da posse, houve dois levantes militares no início do governo JK. Apesar do fracasso dessas tentativas, cujos autores foram anistiados, o dr. Newton diagnosticou em seus dois amigos almirantes a permanência do clima insurrecional. Qual seria o motivo de tão incessante rebeldia?

Ele chamou papai para beber e conversar com as autoridades da Marinha. Primeiro, os dois se queixaram da falta de interesse dos últimos governos pela compra de equipamento compatível com a modernidade. À medida que o porre aumentava, as altas patentes entravam em detalhes: como seria possível enfrentar nossos inimigos externos? Perguntará você: que inimigos? O Uruguai, o Paraguai, no máximo a Argentina?

Ainda no princípio da noite, os almirantes continuavam chorando suas pitangas, reclamando navios adequados à nossa grandeza. Não se podia conceber um país das dimensões do Brasil desprovido de armas para guardar nossas fronteiras. A conversa chegou ao apogeu quando os dois confessaram qual era seu objeto de desejo: um porta-aviões. Sem porta-aviões, insurreição crônica.

Se eu soubesse da crise, emprestaria a eles meu navio-abajur e meu foguete *Apollo*. Mas o que resolveu a questão foi a compra do porta-aviões *Minas Gerais*, desencalhado de uma guerra tão antiga que talvez fosse a do Peloponeso. Duvido que ainda esteja ancorado no reino deste mundo.

Graças ao dr. Newton Andrade, a Marinha nunca mais perturbou o governo JK.

O LADO C DO PODER

A vantagem e a desvantagem de morar na periferia do poder é que orbitavam em torno de nosso apartamento alguns dos maiores puxa-sacos e corruptores da República. Entre eles um poeta-empresário — sei que a equação parece paradoxal, mas já houve poeta traficante de armas, como Rimbaud, poeta funcionário dos Correios, como Bukowski, sem falar dos poetas-médicos chovendo a cântaros, Jorge de Lima, João Guimarães Rosa etc. O poeta-empresário aparecia lá em casa com ar de santidade. Oferecia presentes para meu pai. Aos 6 anos, eu já percebia que suas propostas eram indecorosas. "Quer um aparelho de televisão? Como é possível você não ter televisão, Geraldo? Seu carro é muito ruim. Quer um carro novo?" Meu pai se esquivava com grande competência. Aprendi com ele a simular idiotice diante de ofertas ignominiosas. Basta fazer cara de paisagem. Assim os vigaristas pensam que você é cretino e as intenções deles não são compreendidas.

Me lembro também de um jornalista de escândalos, canalha de pai e mãe, autor de reportagens às vezes brilhantes, mas sempre falaciosas ou amparadas em premissas falsas. Certa vez ele me trouxe de presente uma lanterna americana recarregável. Rezei para que meu pai não a confiscasse, como fazia com todos os presentes considerados impróprios. Felizmente ele se esqueceu da minha lanterna e eu pude iluminar as trevas do meu espírito.

Diante da constatação de que vigaristas voejam em torno do poder como abutres, inventei mais tarde um estupendo instrumento para medir a venalidade de cada um de nós, seres humanos: o putômetro.

Peço perdão antecipado por uma pequena autodefesa. Sei que o instrumento mencionado acima é objeto de polêmica. Já fui repreendido por avaliar indevidamente pessoas do meu convívio, comparando-as umas às outras. Temi que meu fim fosse semelhante ao da anedota sobre Guillotin, inventor de um mecanismo capaz de decapitar elegantemente os condenados, sem submetê-los aos métodos medievais de execução, que sempre dependeram da contratação de um carrasco de alto nível, especialidade em que os franceses eram imbatíveis. Na hora de morrer, até condenados da alta nobreza da Inglaterra ignoravam as diferenças políticas com seus rivais do outro lado do Canal da Mancha e pagavam o cachê dos carrascos gauleses, para não correrem o risco de serem decapitados a prestação, com a necessidade de vários golpes de espada. Por incrível que pareça, o Guillotin verdadeiro era contra a pena de morte e, ao contrário dos boatos, parece que não morreu guilhotinado.

Em defesa de meu invento, procurei ser imparcial. Para tanto, incluí entre os escrutinizados alguns ícones da cristandade, do mundo islâmico e do Extremo Oriente. Meditei bastante a respeito. Cheguei à conclusão de que, se divulgasse o meu método, poderia me tornar vítima — ou, ainda pior, mártir — de perseguição religiosa. Talvez até se produzisse contra mim um *jihad* judaico, católico ou muçulmano. Quem sabe um *jihad* ecumênico. Comigo, não. Decidi manter em segredo a minha invenção ou guardá-la numa furna, a exemplo dos manuscritos do Mar Morto. Na melhor das hipóteses, pensei em seguir o exemplo de Isaac Newton, que escondeu quanto pôde sua Teoria da Gravitação dos Corpos — o caio, logo existo —, porque sabia que divulgá-la podia lhe custar caro.

Adianto apenas que o único ser humano que passaria praticamente incólume pela avaliação do putômetro é José de Anchieta. Ele dedicou o melhor de suas forças para encenar peças de conteúdo cristão, a fim de que nossos ancestrais indígenas deixassem de comer tanto inimigos como estrangeiros em seus rituais antropófagos. Os nativos provavelmente apreciaram o teatro, mas continuaram a comer todo mundo. (O cacique Cunhambebe, nosso vizinho da Ilha Grande, tinha fama de haver comido dois mil brancos — claro que a contabilidade do mito, em geral, é criativa.) O único senão de Anchieta, do ponto de vista do putômetro, é que ele de vez em quando voava para mostrar aos nativos que tinha superpoderes. Tudo bem. Tinha que convencer a rapaziada. Ainda assim levou nota 2, o índice mais baixo (ou seja, mais alto) da história.

REGALIAS

Nem tudo eram espinhos. Papai tornou-se amigo de Jacob do Bandolim, que ia todo ano lá em casa para fazer um sarau de chorinho. Sua lendária banda era composta por César Faria, violão de centro (pai de um adolescente que ganharia no futuro o apelido de Paulinho da Viola), Dino, o craque do violão de sete cordas, Carlinhos no pandeiro e, para terminar a lista em alto nível, Jonas do Cavaquinho. Era engraçado acompanhar a disciplina quase marcial dos chorões. Músicas ensaiadíssimas. No meio de cada peça do repertório, alguns compassos reservados ao improviso. A parte do leão ficava para o próprio Jacob, imperador do grupo. Em geral eram doze compassos para ele, quatro para Dino exibir-se nos bordões, seis para Jonas. À medida que a noite passava e o uísque subia, no entanto, alguns se esqueciam dos limites. O mais abusado era Jonas. Seus seis compassos passavam a doze, dezesseis, sob o olhar de reprovação de Jacob. Docemente alcoolizado, Jonas improvisava como um Mozart do chorinho. Os demais, já acostumados com a situação, continuavam a tocar como se não percebessem. Era um constrangimento total, mas eu achava graça.

Outro que ia lá em casa todo ano era Sílvio Caldas. Cantava muitos dos sucessos de seu repertório, com destaque para "Chão de estrelas", música dele, letra de Orestes Barbosa. Uma das mais bonitas da canção brasileira: "A porta do barraco era sem trinco / mas a lua furando o nosso zinco / salpicava de estrelas nosso chão. / Tu pisavas nos astros distraída..." Quando ele cantava "Três lágrimas", eu ficava emocionado sem saber por quê. Ainda não sabia o que eram o tempo e o amor. Pressentia que a conjugação não podia acabar bem.

Apesar das canções lindas, nunca fui com a cara dele, talvez porque se jactasse de ter se casado com uma mulher muito mais moça, deixando implícito que era um super--homem. Talvez eu fosse feminista, mesmo que ainda não conhecesse a palavra. Sempre defendi a hipótese da liberdade sexual de minha irmã, para escândalo de meu pai. Só a hipótese. Quando ela arranjou o primeiro namorado, movido pelo machismo subterrâneo, devo ter ficado rugindo à porta, transfigurado em Cérbero da nova geração.

QUERIDO DIÁRIO

Aos 7 anos ganhei um diário. Já que não tinha nada para escrever nele, inventei histórias, proezas que jamais cometi. Escrevi minhas ficções e deixei o livrinho em cima da escrivaninha, na esperança de que alguém o devassasse. Doce ilusão. Todos lá em casa tinham respeito absoluto pela privacidade. Comecei mal minha carreira literária. Para remediar a busca por notoriedade, mamãe garantia minha educação com palmadas todo santo dia. Se acaso isso não acontecesse, eu ia para a cama com um sentimento beckettiano de vazio existencial.

O mundo era outro. Mundinho sem muita turbulência, pelo menos ao nosso redor. Até o cronista Antônio Maria tinha que fazer força para achar assunto. A saída era recorrer ao lirismo, no qual ele era craque. Havia uma terrível escassez de crimes. Cada episódio criminoso rendia meses, até anos de repercussão e reviravoltas. Eu vivia assombrado por Aída Cury, a jovem de 18 anos que fora levada até o alto de um edifício e atirada (ou coagida a se atirar) por dois playboys. Outro crime famoso, o da rua Sacopã, apesar de cometido no ano em que nasci, foi assunto durante toda a minha infância.

Se fosse bom observador, eu poderia ter descrito em meu diário a favela da Catacumba, do outro lado da montanha. Lugar bonito, pelo menos visto da Lagoa. Sabíamos da falta d'água, de saneamento e de tudo através dos sambas e das marchinhas de carnaval, ainda que também faltasse água e luz nos apartamentos de classe média. Mas o buraco lá era mais embaixo.

Zé Kéti, Monsueto e outros compositores falavam da miséria com elegância. Em Cartola, a vida ganhava grandeza, Rubem Braga costumava compará-lo a Shakespeare. A desigualdade talvez não fosse tão terrível. Ou os deserdados do mundo viviam mais conformados, sem esperança de que a vida se tornasse menos precária.

O Morro da Catacumba parecia cenário do filme *Orphée Noir*, o *Orfeu da Conceição*, história inventada por Vinicius, encenada no Theatro Municipal com elenco todo composto de atrizes e atores negros, cenário de Oscar Niemeyer e música de Antonio Carlos Jobim, depois adaptada para o cinema pelo francês Marcel Camus. Só os brasileiros — entre os quais o próprio Vinicius — desgostaram do filme, que oferecia uma visão idealizada do Rio. Tinha mesmo um ar de batucada pra turista. Todavia, o Rio é surreal, aqui acontecem coisas inverossímeis. Certa vez vi a barca da Cantareira carregada de gente sambando, numa cena mais insólita do que no filme de Marcel Camus. Hoje, quando a cidade é tomada por blocos e alegorias carnavalescas, duvido que o desagrado fosse igual.

Também poderia ter descrito no diário as festinhas lá de casa. Havia convidados impagáveis. Entre eles o mais divertido, por impróprio para menores e maiores, era o sertanista Noel Nutels. No dia em que o Brasil for um país sério, desmentindo a profecia que o general De Gaulle jamais fez,

Noel será incorporado ao Panteão dos heróis brasileiros. Médico, indigenista, lutou pela erradicação das doenças das populações indígenas.

Pra mim, Noel tinha uma virtude ainda maior: era a única pessoa no final dos anos 1950 que dizia palavrões cabeludos diante das pessoas. Eu me escondia debaixo da mesa de jantar só para ouvir as anedotas hilárias e escatológicas que Noel distribuía desde o Xingu até Nova Iguaçu. Foi a primeira vez que ouvi um adulto falar socialmente caralho e puta que o pariu. Adorei.

Não saberia me lembrar de todos os que passaram pelas reuniões lá de casa, conhecida não só pelo papo, mas também pela gastronomia: minha mãe oferecia aos presentes um tutu de feijão, que os cronistas mundanos consideravam impróprio para a digestão noturna, ou fazia o chamado mexidinho, que incluía todas as sobras da geladeira: frango, carne, arroz etc. Sem falar em pães de queijo, torresmo, lombinho de porco e outras iguarias mineiras capazes de provocar suspiros num monge tibetano empenhado em jejuar. Sei que por lá passaram Tia Amélia, pianista de samba, Fernando Sabino e, entre os mais frequentes, Joan e Paulo Mendes Campos, que se tornaram, por muitas décadas, os amigos mais constantes de minha mãe e meu pai.

FLORADAS NA SERRA

Passávamos as férias em Belo Horizonte. Grande parte de minha família materna morava no bairro da Serra, onde vovó Sinhazinha mantinha um *pied-à-terre* — que ela jamais chamou assim. Era só caminhar trezentos metros para chegar à casa da tia Stael, mãe da Tatá, da Ana Maria e do Ângelo, na rua do Ouro. Sempre achei que a riqueza daquela rua sinuosa era tamanha que bastava escalar seu caminho coleante para chegar às minas do Rei Salomão: era só partir em direção ao cume do Curral d'El Rei, se é que este ainda não fora saqueado pelos britânicos, como a maior parte das Minas Gerais.

Tivemos alegrias em BH. Tive, no entanto, uma terrível decepção. Fomos passar o Natal com a família. Fizemos a preparação ritualística para a noite do dia 24, a grande véspera. Comemos a ceia, depois corremos para nossas camas, sob as quais deixamos os sapatos. Papai Noel, assim que desembarcasse de seu trenó, depositaria sobre eles os presentes. Em minha insônia ou insânia noturna, tive a impressão de ver P. N. em pessoa descarregar seu saco na casa de tia Stael, ainda que não houvesse chaminé para que penetrasse nela. Na manhã seguinte achei um caminhãozinho de madeira sobre o meu sapato. Tive certeza de que fora Papai Noel quem me trouxera o regalo. Entusiasmado, comuniquei a meus irmãos:

— Eu vi Papai Noel! Eu vi Papai Noel!

Apesar de serem mais novos do que eu, ambos me olharam com complacência e ironia. Decretaram:

— Papai Noel não existe.

Como era possível que aqueles pirralhos supusessem que Papai Noel não existia? Claro que existia! Achavam que aquela figura venerável, de roupa vermelha e branca, era o quê? Anúncio da Coca-Cola? Recorri a minha prima Aninha, que era alguns anos mais velha e conhecia o mundo tal como cantado nas melodias de Chet Baker, meu ídolo, e de um cantor canastrão cujo nome talvez fosse Tab Hunter. Aninha era uma adolescente de boa-fé, minha única esperança de amparo para legitimar a existência do Bom Velhinho. Recebi o mesmo veredito. A visão que tive, na melhor das hipóteses, tinha sido uma alucinação. Até meus irmãos de 7 e 5 anos sabiam que P. N. era um engodo. Foi uma humilhação. Eu levara anos a exibir aos pirralhos a minha superioridade não apenas cronológica, mas científica, e eis que minha reputação fora solapada pela não existência do P. N. A partir daí eles perceberam que eu era, na melhor das hipóteses, um nefelibata. E talvez tenha decorrido desse incidente o falso ceticismo que passei a cultivar.

Bem mais cético do que eu era Ângelo, meu primo e herói. Vivia engajado em pequenas e médias delinquências. Jogo, brigas de rua. Foi ele quem me levou, alguns anos mais tarde, para conhecer o Edifício Maleta, o Copacabana Palace do *bas-fond* belo-horizontino. Me levou também ao meu primeiro bordel, o mais decadente que já vi, perto da estação ferroviária. Era triste ver aquele corredor cheio de homens tristes que desfilavam diante de mulheres tristes, que às vezes lhes lançavam gestos supostamente sensuais, que a mim me provocavam engulhos. Achei deprimente, caímos fora.

Fingi que gostei daquele ambiente sórdido, de melancolia maldisfarçada. A sagacidade de meu primo percebeu logo que meu falso júbilo pelas mariposas do baixo meretrício era apenas para demonstrar a admiração que tinha por suas aventuras. Mais tarde Baudelaire me ensinaria a amar seus bordéis imaginários cheios de deusas, vampiros e metamorfoses: *"Moi, j'ai la lèvre humide et je sais la Science / De perdre au fond d'un lit l'antique conscience."*

Ângelo me levou também à casa de um quarentão gay, que achei simpático, mas não me entusiasmei com as propostas eróticas que ele me fez. Talvez tenha descoberto nesse instante, como dizia Machado de Assis nas *Memórias póstumas*, a minha "dama interior". E ela era igual a mim: preferia as mulheres.

A especialidade de meu primo Ângelo, que todos chamávamos de Gilu, era correr perigo. Aos 16 anos, já participava de rachas de carro, cuja prática em BH era chamada de "subir BR". Consistia em pegar emprestado o carro dos pais — ou dos tios, ou de qualquer desprevenido — para correr alucinadamente pela estrada em direção ao Rio, depois correr de volta em direção a BH. Ângelo participava também das brigas de gangues com os desafetos de outros bairros. Não bastasse, tinha duas mulheres na zona, de quem recebia favores e aluguel, sem jamais abdicar do sorriso pronto a ironizar qualquer bom-mocismo e promover a anarquia.

Quem fazia sucesso no Rio era minha prima Aninha. Bonita que era um louvar a Deus de gatinhas. Pelo menos pra nós, os primos mais moços. Aninha passou um verão de férias em nossa casa. Íamos todos os dias à praia. A civilização da beira-mar carioca, frequentada por sereias de todas as latitudes, confirmou a opinião da família. Meu prestígio subiu bastante, graças a minha prima. Todos os gaviões da praia se tornaram meus amigos de infância, só para se aproximar dela.

Um deles, F., era a figura mais interessante da praia. Craque do vôlei, o rei da deixadinha — o truque de largar a bola junto à rede, para desconcerto da dupla adversária. Tinha o corpo queimado de sol e um riso de malandro instalado no rosto. Depois da chegada da Aninha, passou a me tratar como um igual. Claro que percebi o interesse por trás da manobra, mas gostei de tirar uma onda de ser tão carioca quanto ele. De conversar de potência para potência com o rei da praia.

O esforço de sedução da Aninha, porém, foi baldado. Ela, irredutível, não admitia a hipótese de arranjar namorado estrangeiro. Era encantada por um rapaz de BH, cujas iniciais escrevia em todas as páginas dos cadernos escolares. Como minha tia não o considerava o partido ideal para a filha, sua furibunda oposição ajudou a atarraxar a estrela do namorado no céu da Aninha.

Encontrei F. muitos anos mais tarde, no princípio dos anos 1980. Eu estava no estacionamento do Parque da Cidade com Joaquim, meu filho ainda pequeno. De repente, ouvimos um alarido. Surgiu um bando de crianças correndo atrás de uma pipa perdida ou derrubada pelo cerol de uma rival. Em meio aos infantes apareceu F. Ele corria atrás dos outros, descalço, banguela. Uma figura patética. O rei da praia, vinte anos depois, tinha se transformado num indigente.

A ORIGEM DA ESPÉCIE

Minha mãe nasceu na cidade de Capelinha, além de Diamantina e Itamarandiba, suponho que no caminho da Bahia. Lia Guimarães Rosa como se fosse uma crônica de jornal. Dizia que a fala dos personagens de *Grande Sertão: Veredas* era parecida com a dos tropeiros que amarravam suas mulas diante da loja de meu avô Jacinto José Ribeiro, que morava no segundo andar. As fotografias revelam o nome do sobrado e a época: *Chalet Fin du Siècle*. O mundo ainda falava francês.

Vovô me contou que vinha ao Rio de Janeiro todo ano, para refazer o estoque. Sua loja vendia de tudo um pouco: tecidos, lampiões, enxadas. Um mercado persa. Ele costumava ficar hospedado no Centro da Cidade, onde admirava o progresso que desfilava nos bondes puxados a burros. Seu luxo era assistir a uma récita de ópera no Theatro Municipal, inaugurado havia pouco. Não tinha dinheiro para a plateia, tampouco para o balcão. Sentava-se num lugar chamado torrinha — grupo de assentos próximos do teto do teatro. Verifiquei mais tarde que, para chegar até lá, a escada era tão íngreme que dava vertigem.

(Sempre imagino vovô tomando coragem para visitar o camarim de sua diva, a soprano que cantou Mimì, da ópera *La Bohème*, no Teatro Lírico do Rio. Ele lhe entrega, tímido, o buquê de flores que trouxera. E ela, jovem e desafeita a cortesias, lhe oferece de lembrança um lenço perfumado, por uma circunstância ainda misteriosa e particular. Desde então vovô passa a sonhar com Mimì todas as noites, até que descobre que a personagem fora representada naquela récita por uma substituta, de nome artístico Marie Dubois, e eis que, arrebatado por uma paixão fulminante, ele distribui todos os utensílios e víveres de sua loja entre os necessitados, vende seus poucos haveres e abandona a cidade para embarcar rumo a Gênova, e de lá a Paris, onde finalmente encontra mlle. Dubois, que na verdade se chama Maria Gertrudes Gomes da Silva, nascida no Algarve, em Portugal, e criada na *banlieue* de Marseille, portadora de sífilis, responsável pelo sustento da mãe, da avó e de suas três filhas, a família inteira confinada num único cômodo, no quinto e derradeiro andar de um cortiço sórdido, dotado de um só banheiro para mais de cem moradores, no extremo mais miserável da Rive Gauche. Imagino vovô recebendo o *não* de sua diva — um *não* seco, desinteressado, definitivo —, que o faria passar dois dias estirado em sua cama num hotelzinho chinfrim perto do Boulevard Saint-Michel, até que se animasse a tomar o navio, na longa viagem de volta à sua pequena cidade na beirada do sertão, trazendo na bagagem um gramofone no qual sempre toca, na hora do Ângelus, suas árias favoritas de *La Bohème*, de Puccini, e chora a cântaros. Acabam aqui o parêntese e a ficção.)

Quando li Eça de Queiroz, pensei o tempo todo em meu avô. Eça tinha mania de batizar personagens com o nome dele, ou era minha bisavó leitora contumaz do Eça. Há um tio Jacinto em *A capital* e uma mana Jacinta em *O conde d'Abranhos*, um dos livros mais divertidos que já li, a história de um escriba que finge fazer o elogio do patrão, e de modo tão desastrado que acaba por contar todos os podres do homenageado. Pensei em fazer coisa parecida com um dos ex-presidentes brasileiros, mas, felizmente, ele passou depressa, não houve tempo de homenageá-lo. O melhor Jacinto de Eça, como todos sabem, é o de Tormes. O personagem vive em Paris, onde é tomado pelo *spleen* baudelairiano. Eça enumera ironicamente a sucessão de modas na Cidade Luz, "uma Babel de éticas e estéticas". O infeliz do Jacinto reclama até das cocotes, as cortesãs chiques, cujo preço de manutenção, "nesta imensa carestia de Paris", era uma fortuna. Sempre imaginei vovô lendo o livro de Eça, cujo protagonista, em busca da cura para o tédio da existência, parte da capital do mundo e muda-se para o interior de Portugal, enquanto meu avô, também escravo da moda, vivia encarcerado na província, a sonhar com o Rio de Janeiro.

O sorriso de vovó Sinhazinha era mais constante que o da Mona Lisa. Estava sempre de bom humor. Sua casa tinha um quintal cheio de árvores frutíferas cujos nomes não decorei, porque não tinha idade para tanto: o quintal de vovó era a minha Amazônia. Também me lembro dos roseirais junto à casa, um deles de rosas brancas. O primeiro cômodo, a partir do quintal, era a cozinha, na qual reinava Idalina, uma velha que era mais do que uma bruxa: era o retrato falado de uma bruxa, tinha até a verruga no queixo. Não estranhei quando a vi decapitar um frango para fazer o molho pardo, o hábito já era comum em nossa casa. Contudo, fiquei aterrorizado quando a vi dando cachaça para um peru, com a finalidade de embriagá-lo e cortar seu pescoço. A despeito disso, era uma pessoa amável e tinha superpoderes. Certa vez curou meu irmão de um cobreiro, com uma reza e algumas palavras mágicas. Dias antes das Bodas de Ouro de meus avós, Idalina me revelou dois quartos abarrotados de empadinhas de queijo, carnes e outras iguarias. Não que vovó e vovô fossem prósperos, mas era a festa maior de suas vidas. Meu avô era o coronel, isto é, o chefe político do município. Seus domínios não eram vastos. Capelinha era minúscula, ao menos aos meus olhos de menino da cidade grande. No centro do microcosmo, a rua Direita, e, se não me falha a memória topográfica e porventura fantasiosa, uma só transversal, que acabava na igreja.

Moramos alguns meses em Capelinha, no princípio de minha vida, quando mamãe e papai estavam separados. Não me lembro desse tempo talvez esplendoroso, durante o qual meu complexo de Édipo deve ter se julgado rei não apenas de Tebas, mas de toda a península (*penisolate?*) grega. Infelizmente, não guardo lembranças de meu breve período no centro do universo, antes de ser defenestrado para o subúrbio da afeição materna. Ai de mim, Édipo destronado, tive que dividir meu reino com meus dois irmãos. Jamais tive a elegância de Cordélia, dizem que armei vários barracos.

Anos mais tarde, ao revisitar Capelinha, me senti como se tivesse caído na máquina do tempo. Havia um carro de som que percorria as ruas fazendo propaganda. Os filmes eram tão antigos que pareciam anteriores à invenção do cinema. O maior programa da cidade era tomar sorvete, que não merecia o nome: um pedaço de gelo colorido de vermelho, sabor de groselha. Quando li *Cem anos de solidão* percebi que a cidade era semelhante a Macondo. Sem o encantamento da linguagem de García Márquez e, pior, sem a personagem Remédios, a Bela. Eu já tinha me tornado um carioca irremediável.

Aproveitei para exibir em público minha calça Lee branca, comprada no Mercadinho Azul, em Copacabana, o único lugar em que era possível encontrar contrabando legítimo. Vesti também um cinturão vermelho, do Corpo de Bombeiros. Fui com essa indumentária ao campo de futebol para assistir ao jogo de domingo. O figurino me custou caro: fui apedrejado. Felizmente, a mira dos meus lapidadores não era como as do Velho e do Novo Testamentos. Hoje percebo que os nativos devem ter imaginado que eu era um E.T. desembarcado do futuro ou uma *drag queen*.

Meu pai nasceu em Conceição do Mato Dentro, perto da cidade do Serro. Queria ser médico, mas, por falta de fundos, estudou odontologia, a exemplo de tantos mineiros. O curso era mais barato e mais curto. Não cheguei a conhecer Conceição na infância. Depois visitei a cidade duas vezes, em períodos de festas. Papai deve ter herdado de lá o gosto de comemorar a vida.

Coincidência ou não, meus dois avôs foram prefeitos. O materno eternizou-se coronel de Capelinha por pelo menos trinta anos. O paterno, Laurival Carneiro, era funcionário do Instituto de Estatística — creio que ainda não se chamava

IBGE — e, com o golpe do Estado Novo, foi nomeado prefeito interventor de um município no estado do Rio, cujo nome me esqueci. Ouvi dizer que vovô Laurival não fora assumido por seu pai. Seria, portanto, filho bastardo. Daí talvez lhe viesse a melancolia irredutível. Seu sorriso era uma máscara de pierrô. Sempre o imagino à entrada do velório de seu pai, hostilizado pela família oficial do defunto, ou hesitante entre franquear ou não os umbrais da sala em que o corpo é velado. Vovô costumava passar alguns meses de verão conosco. Jamais falou a respeito de sua origem, tampouco de seus ancestrais. Também jamais perguntei. Não me interessa a genealogia dos seres e das coisas.

Acabo de apurar: vovô era bastardo. O estigma o acompanhou por toda a vida. A mim me parece estranho que ele sofresse tanto por isso, mas necessitamos da escora mítica da paternidade para adquirir cidadania psíquica. Começamos por amar a existência do pai. No minuto seguinte, o desejo do parricídio. Claro que não é preciso matar literalmente o pai para se libertar de sua influência tirânica, a não ser que o clã seja violento e primitivo. A receita simbólica é ancestral. Se der pra matar, melhor. Muitos dos processos de sucessão nas famílias, até mesmo nas atividades mais triviais, seguem o modelo sugerido pelos deuses gregos. Só Zeus matou Cronos e, ao matar o Tempo, conquistou sua tediosa eternidade.

Em meu avô prevaleceram a mágoa e a mácula. A ausência de um pai que não teve a coragem de registrá-lo como filho marcou para sempre sua vida. Tenho a impressão de que era por isso que vó Maricas, esposa de vovô, afetou atitude de superioridade diante dele ao longo dos seus mais de cinquenta anos de casamento. Era como se lhe dissesse: "Eu tenho, você não tem." Vovô tinha talento para sofrer a humilhação em silêncio, fingindo que sua mácula não existia, que era a dor do mundo que lhe inspirava a tristeza de cujo labirinto jamais encontrou a saída. Era um homem triste. Ao contrário dele, sua mãe era mulher de temperamento alegre, jamais transformou em tragédia sua relação clandestina com meu bisavô, na qual sempre foi a Outra. Dizem que minha bisavó era risonha, sempre disposta a celebrar a vida. Já seu filho Laurival, meu avô, herdou esse deserto de abandonos, para o qual não havia consolação.

Não sei como a cidade de Conceição, que à época teria no máximo dois mil habitantes, convivia com a bigamia de meu bisavô, sendo suas casas tão próximas. Mas havia certa normalidade na vida social da família, tanto que vovô Laurival tocava requinta na banda de Conceição, enquanto seu irmão, Oscarino, tocava oficleide. Quem conheceu o segundo, aliás, afirma que não havia em meu tio-avô qualquer resquício de mágoa. Cada ser humano inventa seu passado e seu futuro.

Imagino que os ecos da dor de meu avô chegaram a meu pai. Havia uma melancolia irremediável em nossos almoços. Ao fim das refeições, papai quase sempre arquitetava uma briga, quase sempre comigo, movida por insignificâncias. Nonada, como diz o Rosa. A herança da dor era um espectro a pairar sobre nossos encontros.

Fora isso, papai era uma personalidade encantadora, pra nós e para os outros em torno. Teimava em ser conciliador, mas sabia atear fogo ao circo. Seu traço mais característico era a capacidade de admirar os talentos dos outros, virtude que se tornaria rara no mundo ególatra do futuro. Um homem de bondade inverossímil. Nunca o vi planejando ou praticando atos contra alguém, a não ser trotes telefônicos, nos quais era especialista. Certa vez recebeu em nossa casa a visita de uma antiga musa da geração mineira dos anos 1920, a legendária Vanessa. A visita fez com que ele telefonasse no meio da noite para cada contemporâneo que partilhasse essa idolatria, com voz soturna, dizendo apenas a frase: "Você se lembra da Vanessa?" E todos — Hélio Pellegrino, Paulo Mendes Campos, Otto Lara Resende e Fernando Sabino — acharam que a voz, irradiada por obra e graça de Graham Bell, fosse um fenômeno paranormal, um chamado do além.

Meses depois, Hélio foi a Rio das Ostras em meio a uma tarde escura e tempestuosa, à procura de seu amigo Newton Carlos, cujo endereço ninguém sabia informar qual era. Como alternativa, um garçom de restaurante de beira de estrada lhe sugeriu que procurasse papai, que era *habitué* da casa. Hélio acreditou no conselho e chegou de surpresa lá em casa, onde foi acolhido com o afeto habitual. Mas os estrondos da tempestade conferiam à circunstância uma moldura metafísica. Hélio se inflamou e relatou um episódio que só lhe parecia explicável agora, à luz das forças tempestuosas do cosmo. Lembrou que tinha recebido, meses antes, um telefonema em que uma voz soturna e desconhecida lhe

soprara uma mensagem. Quando fez menção de reproduzir a
fala de seu interlocutor telefônico, papai se antecipou e disse:

— Você se lembra da Vanessa?

Hélio tinha certeza de que aquela fala ao telefone havia
irrompido no meio de um sonho em que ele sonhara com
a própria Vanessa. O dr. Freud e Edgar Allan Poe ficariam
encantados com essa narrativa de um sonho dentro de um
sonho. Só então Hélio percebeu que a voz que soara em
sua memória não era uma anunciação dos anjos, nem de
qualquer criatura sobrenatural. Vinha de um companheiro
de geração.

De outra vez, surgiu em Rio das Ostras um deputado
recém-cassado pela ditadura militar, levado por nosso primo José Aparecido de Oliveira, também cassado logo no
princípio do golpe. A dureza da hora inspirava uma onda
de solidariedade; o Brasil se precipitava no abismo, punin-
do até os penúltimos democratas. As pessoas reunidas em
torno do deputado exibiam o ar fúnebre de quem assiste ao
réquiem da República. De repente, no apogeu de um porre
cívico, papai assumiu a tribuna — que era, na verdade, a praça central de Rio das Ostras vazia — e iniciou um discurso
em que dizia, de início em tom grandiloquente: "Deputado
Carlos Silva!" Depois, triste: "Deputado Carlos Silva..." Depois, como a conclamar uma imaginária multidão a tomar o
poder: "Deputado Carlos Silva!"

O homenageado não sabia se tomava o discurso como
prova de solidariedade ou se ficava indignado com o visível
deboche que havia nele. Só quando li *Júlio César*, anos mais
tarde, percebi que a repetição pode desmoralizar as autori-

dades. Quanto mais Marco Antônio proclama que os assassinos de César são homens honrados, mais a massa romana se inflama para vingar sua morte. Não bastasse a força trágica da insurreição, acontece em seguida um momento radical da crítica literária: a multidão rebelada se depara com um suposto participante da conspiração contra César. Um dos insurrectos, tendo a impressão de reconhecê-lo, diz aos demais: "É Cina, o conspirador! Vamos matá-lo!" Mas o Cina em questão não tinha nada a ver com o peixe. Tenta esclarecer o equívoco: "Eu não sou conspirador! Sou Cina, o poeta!" Outro rebelde, dotado de grande sensibilidade literária, decreta: "Então, matem-no pelos seus maus versos." E Cina, o poeta, vai para o quinto dos infernos.

Outras vezes papai era triste, chegava a ser taciturno. Atravessado pela empatia e a simpatia pelas tragédias do mundo, que lhe feriam a alma. Talvez dessa compreensão do trágico lhe viesse seu dom de cultivar amigos, a capacidade de entender a complexidade, a vaidade e a tolice dos outros, porque conhecesse dentro de si esse mecanismo que o fazia oscilar, às vezes bruscamente, entre o júbilo e a melancolia. Suponho que hoje receberia o diagnóstico de bipolar. E suponho que eu tenha herdado dele o hábito de sorver a vida em grandes goles, com o ônus de mergulhar por vezes no avesso da euforia, a depressão. Em nossa defesa, invoco o diretor do Centro Neo-Freudiano da Praça General Osório, o dr. Carlos Drummond de Andrade, especialista em psiquiatria de mineiro. Ele declarou em uma entrevista que seus escritos funcionam como uma espécie de divã. Mas não vou ficar aqui citando poesia para não encher a paciência do leitor.

Em suma, declarado ou não, todo mineiro é doido. Doido disfarçado ou varrido. Papai, por exemplo, era às vezes obsedado por um tema. A ansiedade, incendiada pelo álcool, fazia com que fosse absorvido por uma espécie de vórtice emocional, vertiginoso e inexorável. Edgar Allan Poe, que entendia de álcool e de redemoinhos, diria que era um Maelstrom.

Um parêntese: naquele tempo, todos bebíamos muito. Não existia vida civilizada sem álcool. No cinema americano, bastava o cidadão de classe média chegar ao recesso do lar para que sua sempre amável esposa lhe oferecesse um uísque ou gim, em geral com soda. Aqui nos subúrbios do Ocidente, os pais de família queimavam etapas: já chegavam bêbados. Era doloroso. Muitas esposas procuravam ajuda de médicos e psicólogos. Claro que também havia mulheres bêbadas, entre as quais minha favorita, a atriz Francis Farmer, estrela de cinema. Tão interessante e libertária que acabou submetida a lobotomia. Sua liberdade era insuportável para aquele mundo hipócrita.

Papai asseverava que, se continuasse a viver no interior de Minas, teria morrido por excesso de cachaça, como a maior parte de seus amigos. Sua sorte, segundo ele, foi mudar-se para a capital da República e trocar a cachaça pelo uísque e outros destilados, que matam mais devagar. As sequelas psíquicas, embotadas ou estimuladas pelo álcool, continuavam. Fecha o parêntese.

Ao fim de alguns dias de ansiedade, seguida de desespero, com o sistema nervoso arruinado, papai me pedia que o levasse para a Clínica São Vicente, na Gávea. Internei-o lá duas vezes, a seu pedido, na virada dos anos 1960 para os

1970, para fazer sonoterapia sob os cuidados do dr. Genival Londres. (Eu sabia o caminho de cor, porque papai me convocara alguns anos antes para visitar Baden Powell, lá mesmo. Então aprendi a subir o zigue-zague da rua João Borges. Antes de sairmos de casa, papai providenciou um embrulho misterioso. Quinze minutos depois, a clínica nos permitiu acesso ao quarto de Baden e, ao entrarmos nele, revelou-se a qualidade de nossa muamba: um litro de Black & White. Baden, felicíssimo com a surpresa, tocou seus afro-sambas com Vinicius, cada um mais bonito do que o outro.)

Papai voltava da clínica liberto de seu labirinto, mas se tornava macambúzio. Nós, contentes com a lucidez que ele havia recuperado. Ele era de novo Dr. Jekyll, um dos pilares da comunidade; mas sentíamos falta do Sr. Hyde. Torcíamos em segredo para que voltasse a beber.

Uma temporada no inferno

Dormi mais de 36 horas, graças ao sossega-leão que o enfermeiro me aplicara. Xinguei-o três vezes quando cheguei à clínica, supondo que fosse ele o médico de plantão. Já havia explicado a meus acompanhantes que aquela seria minha catarse em protesto contra o ato de violência que eu considerava a minha internação. Pode ser que fosse um sintoma do meu desvario ou a consciência de que seria capaz de cumprir por mim mesmo as orientações médicas, sem que fosse necessário me pôr a ferros.

Foi um sono tranquilo. Quando despertei, meu quarto estava todo arrumado. Havia uma toalha bonita sobre a mesa e um violão encostado à parede. Minha amada me contou depois que Olivia me havia visitado enquanto eu dormia e providenciara tais sinais de vida civilizada. Devo ter pensado que a internação fora apenas um pesadelo, eu talvez tivesse viajado para fazer uma palestra ou um passeio de férias. A entrada de um enfermeiro, no entanto, desfez minha ilusão.

Agarrei-me ao violão. Passei os dias seguintes com o instrumento junto a mim, como um escudo. Era a minha defesa contra a loucura, o instrumento da minha disciplina, o único jeito de me manter a salvo da violência psiquiátrica.

Não me lembro em que circunstância me deixaram conhecer os outros espaços da clínica. Eu havia sido hospedado, por assim dizer, numa área intermediária, em que havia apenas dois quartos. Era uma espécie de triagem, onde nós, malucos recém-arribados, éramos submetidos a uma pequena quarentena, até que se decidisse o nosso destino. Do lado de dentro da clínica, havia um pavilhão maior, destinado a abrigar os mais perigosos, designados por algum eufemismo que evitasse a etiqueta de ala dos loucos furiosos. A psiquiatria, como todas as ciências do nosso tempo, é cheia de desvios semânticos criados para que não se diga o que deve ser dito.

Minha única âncora de sanidade era minha amada, que se internou comigo. Na segunda ou terceira noite, ela tinha acabado de sair de uma festa à fantasia de seu grupo de teatro, que comemorava o princípio ou encerramento de um espetáculo. Imagino a cara do porteiro da clínica se a visse chegar com sua fantasia de fada, que ela, prudentemente, deixou no porta-malas de seu carro antes de entrar. Minha fada dormiu comigo e, a despeito das sinistras circunstâncias, vivemos felizes para sempre.

No dia seguinte, se não me engano, pude conhecer as instalações exteriores da clínica. Um jardim simpático, ainda que eu não soubesse discernir suas virtudes botânicas. Talvez houvesse alamandas e hortênsias. Havia também umas poucas suítes avulsas, imitando pequenas casas, que as famílias dos internos mais abastados podiam alugar para ali enterrar as flores inoportunas do seu jardim.

Entre meus colegas — quase escrevi "companheiros de infortúnio", mas me pareceu literatice de quinta —, dois se destacaram. O primeiro era poeta e letrista de música. Pessoa amabilíssima, não dava para entender por que estava aprisionado ali. O outro era um sujeito muito sério, por volta dos 30 anos. Tinha um único aspecto ainda incomum no mundo: vivia vestido com saia escocesa plissada, sapato de verniz e demais apetrechos femininos. Eu ainda não conhecia a expressão *cross-dressing*. Felizmente o mundo muda depressa. Hoje ele não se sentiria extravagante.

Me senti muito à vontade entre os doidos. Talvez eu pertencesse mesmo à categoria.

LOVE STORY

Papai foi para Capelinha no início dos anos 1950, para trabalhar como dentista. Minha mãe era a moça mais bonita da cidade, pelo menos em minha fantasia edipiana. Para conquistar a jovem e ganhar a vida, papai entrou para o Partido Social Democrático (PSD), o partido da situação e do qual meu avô era o chefe local. Julgo que a oposição fosse a União Democrática Nacional (UDN). As siglas aqui não têm muita importância, porque o Brasil raramente acredita em programas de partido. Meu pai era moderno e excêntrico em seus métodos de fazer política. Para comemorar a milésima reeleição de meu avô, inventou de disparar fogos de artifício em direção ao casario onde moravam os udenistas. Claro que a oposição não gostou de seu estilo incendiário. Houve uma festinha no clube da cidade. Papai dançava de rosto colado com mamãe, quando percebeu que estava sendo cercado pelos jagunços armados do outro partido. Por um instante, estive ameaçado de ficar órfão antes de nascer.

Felizmente, papai era bom de estratégia. Dançou com mamãe até a outra extremidade do salão, em busca da porta dos fundos. Percebeu que também lá havia mais dois jagunços à sua espera. Ganhou tempo bailando no meio do salão, até que meu tio Cacau recebesse notícia da armadilha e chegasse ao clube acompanhado de um amigo, ambos fingindo que estavam armados. Tal como na cena em que Michael Corleone visita o pai, dom Corleone, no hospital, a encenação arquitetada pelos aliados de papai fez com que os pistoleiros da facção rival desistissem de mandá-lo para o além, com uma azeitona enfiada nos quengos. Eu não estaria aqui para contar a história, não fosse essa intervenção teatral. Havia jagunços por lá, com certeza. Tio Cacau me explicou que fazer política em Capelinha requeria uma carabina, de preferência Winchester, oculta sob capa de chuva, mas com o duplo cano visível. Disse que, no tempo dele, já não se davam mais tiros. Mas ele deve ter vivido um período calmo, com a máquina da política funcionando sem maiores problemas. Hoje, quando releio o *Grande Sertão*, penso que foi o Hermógenes, isto é, o Mal, quem ganhou a guerra. Nós, Riobaldos, fomos expulsos da República dos Jagunços.

DE VOLTA AO DRAMA

Por falar em expulsão, me levantei na manhã fatídica em que devia ir à escola em companhia de mamãe. Meus irmãos me olhavam com uma mistura de solidariedade e censura. Sabiam que meu passado depunha contra mim, que vivia tramando travessuras. Qual teria sido a derradeira transgressão que me faria dizer adeus ao colégio? Saímos de casa em silêncio. Durante o caminho para o cadafalso, recapitulei os pecados cometidos nos últimos tempos, para avaliar como deveriam pesar na balança de meu julgamento. Confesso que às vezes me sentia tomado por uma força malévola. Me lembrei de outra prima, B., que acabara de passar as férias no Rio.

Fizemos os passeios turísticos protocolares. Um dos melhores era ir de carro até certo lugar longínquo e selvagem chamado Barra da Tijuca. Às vezes íamos mais longe, rumo às inacessíveis praias cantadas por Manuel Bandeira. Prima B. era muito medrosa. Meu prazer sádico era aterrorizá-la durante a travessia da avenida Niemeyer, as escarpas à beira do oceano e as ondas majestosas e ameaçadoras lá embaixo. Eu dizia, com voz sinistra:

— Sabe como se chama este caminho?

— Não.

— Trampolim do diabo...

E ela, trêmula:

— Trampolim do diabo? Por quê?

E eu, com voz de filme de terror:

— Aconteceram aqui coisas terríveis...

— Que coisas?

— Nunca ouviu falar da Gruta da Imprensa? Foi um crime hediondo. Exatamente aqui embaixo.

Confesso que nunca soube direito qual fora o crime perpetrado na Gruta da Imprensa, ou se houve alguém tragado pelos vagalhões. Sei que a circunstância servia para intimidar a prima B. Ela olhava apavorada para as ondas batendo nas pedras lá embaixo. Eu insistia:

— Sabe quantos carros sobrevivem à travessia desta avenida?

Ela, em pânico:

— Quantos?

— Dois em cada três.

A prima B. fazia as contas. Percebia que suas chances de sobreviver eram iguais às dos navegantes que partiam de Lisboa rumo às Índias. Abria o berreiro. A alma boa de minha irmã tentava consolá-la. Em vão. Ela continuava aterrorizada até chegarmos à praia. Na volta, como já devia ter levado uma bronca de mamãe, eu fingia que mirava o infinito. De vez em quando, encarnando o anjo do mal, lançava discretamente um novo olhar tenebroso para a prima B., sugerindo que ela estava prestes a se precipitar no despenhadeiro.

Esclareço que não era sempre um avatar de Ricardo III reencarnado nos trópicos. No verão anterior, por exemplo, a prima S. M. havia passado longa temporada conosco. Era simpática, bem-humorada e muito míope. Enxergava pouquíssimo. Em minha defesa, alego que jamais procurei infundir-lhe terror a caminho do Recreio, mesmo porque ela não enxergaria o mar batendo nas pedras.

Me lembro que quando chegamos ao nosso destino, a pequena montanha encravada à beira-mar, no final do Recreio dos Bandeirantes, prima S. M. ficou deslumbrada com o oceano. Deve ter tido meia dúzia de aulas de natação nos clubes de BH. Achou que enfrentar o mar era como nadar na piscina do Minas Tênis Clube. Eu bem que preveni:

— Cuidado, prima. Tem uma vala a dois metros da praia.

E ela, com a confiança míope dos iniciantes:

— Vala? Que vala?

Tentei traduzir o conceito de vala para o mineirês:

— A vala é uma depressão no mar. Você dá dois passos, cai na vala, a corrente te puxa lá pra fora, e nós perderemos pra sempre o privilégio da sua companhia. Bye-bye.

Ela não acreditou na advertência. Sorriu miopemente, caminhou até a água e caiu na vala. Felizmente eu já era aprendiz de carioca. Consegui salvá-la usando as técnicas dos salva-vidas que via nas praias da Zona Sul. Minha prima ficou grata, mas não sossegou até tentar afogar-se outra vez. Salvei-a de novo. Fiz pose de herói da praia. Pena que a minha glória não foi fotografada.

O Bem contra o Mal

A caminho do colégio, eu ponderava sobre qual de minhas faces havia de prevalecer no julgamento da Diretora. A angelical ou a diabólica? Tinha medo de tornar maldita a minha estirpe, como sucedeu com as famílias dos transgressores da antiga Grécia e com os inconfidentes. Recapitulei minhas escassas virtudes. Nos primeiros anos de Rio, estudei num jardim de infância anexo à igreja de São Paulo Apóstolo, em Copacabana. Verdade que, enquanto esperava a saída de minha irmã, me escondia debaixo das cadeiras reunidas num pequeno ginásio para assistir à aula de balé das meninas. Por amor à arte.

Depois fui parar no colégio perto do manicômio. De início era aluno aplicado, quase sempre o primeiro da classe. Meus boletins cheios de nota 10, com anotações elogiosas da professora, Dona L. Graças à chamada transferência, inventada por Freud, eu era capaz de fazer qualquer coisa para agradar a Dona L. Aprendi a contar e escrever de 1 a 1.000, falava feito um papagaio amestrado, escrevia impecavelmente com a caneta Parker tinteiro emprestada por meu pai. A única restrição que Dona L. me fazia, sempre anotada em meu boletim, era quanto ao excesso de conversa, vício de que não me curei até hoje. Em matéria de desempenho escolar, só tinha como rival um CDF muito boa gente, chamado F.C. Em geral dividíamos a medalha de ouro, ou nos alternávamos em primeiro lugar.

Fora da sala, me julgava forte e corajoso. Era defensor dos fracos e oprimidos. Supunha que fosse um sucessor do Príncipe Valente, herói das histórias em quadrinhos. Durante algum tempo fui chefe da turma, até que um valentão, cujo nome não me recordo, me destronou. Aceitei com resignação o ostracismo. Numa peleja física com outro colega, descobri que brigar doía, mesmo quando a gente batia no outro. No meio da troca de pancadas, sugeri que mudássemos de assunto. Ficamos amigos. Portanto, eu era desde cedo pacifista. Se bem que minha proposta de paz não era tão desinteressada: ele tinha uma irmã mais velha, chamada N., de quem eu era fã. Aliás, já expliquei que eu não era eu: quem mandava em mim eram meus hormônios.

No ginásio, minhas notas pioraram, assim como o comportamento. Durante uma exibição de slides, tecnologia avançadíssima para a época, o professor de história mostrou o batistério da basílica de São Pedro, em Roma, e nos perguntou:

— Vocês sabem o que é isso?

Levantei a mão e proclamei:

— Eu sei.

— O que é? — perguntou o professor.

— É o mictório papal — respondi.

Fui expulso de sala, é claro. Comecei a ganhar minha má fama.

Era provavelmente a má fama que me trazia àquele momento, em que me sentia o penúltimo dos mortais. Como ainda não conhecia os orixás afro-brasileiros, pedi a todos os da Grécia e do Oriente Médio que me amparassem. Desembarcamos do DKW, mamãe, meus irmãos e eu. À porta do colégio, Sabará nos recebeu com a saudação habitual: "Bom dia, seu Encrenquinha e seu Encrencado." Minha resposta não foi tão efusiva como das vezes anteriores: desta vez, o encrencado era eu.

Contemplei o pátio do colégio ao nosso redor com nostalgia. Senti saudades até da professora de francês. Digamos que se chamasse Dona E. Ela nos ensinava palavras que jamais imaginei que existissem, como esgar, cujo significado só fui descobrir um século depois. Diante de seus saberes paleolinguísticos, ficávamos estupefatos como aborígenes que tivessem acabado de descobrir o fogo. Do alto de nossa ignorância, achávamos que ela tinha vivido a Segunda Guerra em Paris, onde teria sido bombardeada — em todos os sentidos —, depois torturada, não se sabe se pelos alemães ou pelos Aliados, e tinha perdido o cabelo. Usava sempre um chapeuzinho para esconder a suposta calvície. Anos mais tarde, prestei atenção aos filmes da época e percebi que mocinhas e bandidas usavam chapéu.

Entre minhas perdas estariam também os passeios a Paquetá. Era uma farra atravessar a baía de Guanabara a bordo da barca, em direção à ilha, com a turma toda do colégio. Quando chegávamos, corríamos para a praia da Moreninha. Andávamos de bicicleta, tomávamos banhos de mar. Era a própria Pasárgada de Manuel Bandeira. Me lembro de admirar a certa distância a Ilha de Brocoió, que supunha fosse o hábitat de Luz del Fuego, lendária naturista — como se diz hoje, eufemisticamente, para qualificar quem anda como Eva antes da maçã. Só mais tarde me dei conta do equívoco.

Nessas andanças insulares, nossas mestres de classe se despiam de suas prerrogativas pedagógicas e se banhavam ao sol como nós, jovens mortais. Todas as aventuras estivais, no entanto, tinham ficado para trás. Não há como interferir na marcha inexorável da cronologia. Mamãe, minha irmã, meu irmão e eu entramos no colégio e fomos para o edifício da diretoria. Meus irmãos esperaram do lado de fora, num grande vestíbulo, enquanto minha mãe e eu entramos no matadouro. Eu olhava para as imagens religiosas ao redor de nós, sobretudo para a figura do Cristo crucificado. Qual seria o meu juízo final?

Abro um parêntese para sublinhar o fervor de minha fé religiosa. Quando pequeno, vi *Marcelino, pão e vinho*. Me identifiquei com o garoto que, se não me falha a memória, conversava com Jesus Cristo ou com algum santo de plantão. Eu também era assim, me sentia tocado pelo Espírito Santo. De vez em quando Ele parecia iluminar meu pensamento e eu saía matracando como se fosse um pastor delirante.

Cheguei a pensar em seguir a carreira religiosa. Só não progredi em direção a um arcebispado, um presbitério, quem sabe até ao colegiado do Vaticano, por causa do Padre G., o jesuíta responsável por nossa Primeira Comunhão. O princípio de sua carreira no colégio foi normal. Ele nos dava aulas de catecismo, nos ensinava a amar a Deus sobre todas as coisas, ofício para o qual eu tinha especial vocação, mesmo sem saber se Deus era aquele barbudo mal-humorado do Velho Testamento ou se era Zeus cercado pelas semideusas do cinema europeu.

Aos poucos percebi que o Padre G. não era lá muito católico. Exigia encontros *tête-à-tête* com seus catecúmenos, palavra cuja fonética a mim me alarmava como a um mal armado Mallarmé. Por razões que você, cara leitora, saberá perceber. Eu me perguntava: para quê? Não bastava o rito da confissão, durante o qual confessávamos as pequenas delinquências de sempre? Padre G. já se aproximara estranhamente de mim nas aulas introdutórias à Primeira Comunhão. Nos encontros a dois, tocava na minha perna de maneira também estranha. Percebi que ele se interessava menos pelas almas do que pelos corpos.

Não saberia rememorar com precisão o que aconteceu nesses encontros a portas fechadas. Sei que sexo não rolou. Imagino que o Padre G. fosse mais chegado a pequenas transgressões. Pecadilhos: era o que Jorge Luis Borges dizia que seus ancestrais lusos iam cometer em Piccadilly, de onde ele supõe que a palavra tenha se originado. Já Anthony Burgess — cujo nome, como o de Borges, também significa burguês — dizia que Piccadilly vem de "pickardil", a gola que se tornou pop no pescoço de Henrique VIII, de sua filha Elizabeth e, *last but not least*, de Shakespeare.

Padre G. não conseguiu cometer seus pecadilhos comigo. Ouvi dizer que foi expulso da Companhia de Jesus. Não achei registro de suas façanhas, fosse por incompetência minha ou porque as corporações têm o costume de apagar tudo o que não é edificante. Sei que esses encontros se tornaram capítulo definitivo para que, a despeito de minha fé no espírito humano, eu — que acreditei até em Papai Noel — passasse a cultivar certa simpatia pelo ceticismo, embora mantenha até hoje uma credulidade que beira a cretinice. Nunca mais aceitei qualquer catequese. Fecho o parêntese.

Esses fantasmas da formação religiosa assombravam minha alma quando adentramos o vestíbulo do colégio, enquanto eu, pobre de mim, contemplava as imagens da Paixão de Cristo a cumprir seu calvário para exorcizar os malfeitos que nós, pecadores, havíamos cometido. Fomos chamados à sala da Diretora. Ela encarou minha mãe com ar de górgona e sua pompa habitual:

— Dona Dulce, tenho uma coisa muito grave a lhe dizer. É a respeito de seu filho Geraldo.

— Sim, senhora. O que é?

— Ele foi denunciado por abusar de uma menina.

Fiquei perplexo com a acusação. Nunca tinha abusado de menina alguma. Só me interessavam meninas mais velhas do que eu. Não sabia o que era abuso, apesar dos ensinamentos práticos do Padre G. Era um absurdo total. Minha mãe manteve o sangue-frio.

— Quando foi?

— Quarta-feira passada.

— Como a senhora soube?

— Por denúncia de um rapaz da quarta série ginasial.

— Ele poderia confirmar a acusação?

— Claro que sim.

A Diretora chamou um rapaz pouco mais velho que eu, por volta dos 15, que estava na sala ao lado. O sujeito tinha cara de anúncio de Gumex. Minha mãe apontou pra mim e lhe perguntou:

— Tem certeza de que o menino é este?

O rapaz assentiu.

Minha mãe pediu um minuto, foi até o vestíbulo e chamou a minha irmã. Trouxe-a até a sala da Diretora. Exibiu-a ao delator:

— E a menina? Por acaso é esta?

O rapaz fez uma longa pausa, sem saber o que dizer. Minha irmã era baixinha, aos 11 anos. Eu tinha espichado na adolescência. Por fim, o rapaz balançou a cabeça em sinal de assentimento.

Mamãe dirigiu-se à Diretora:

— Esta é minha filha mais nova, irmã do acusado.

Desta vez quem ficou estupefata foi a Diretora. Eu passava o dia chateando minha irmã, ameaçando fazer-lhe cócegas, dando-lhe beijos babados. Atos que um menino metido a casto, com alma de delator, podia imaginar que eram práticas pedófilas, palavra que não fazia parte do meu vocabulário. Minha mãe rompeu o silêncio:

— A senhora é educadora, deve conhecer a relação entre irmãos. Eles passam o dia provocando uns aos outros.

A Diretora nem respondeu. Ensaiou um pedido de desculpas.

— Eu compreendo, dona Dulce. O rapaz não percebeu que era uma brincadeira entre irmãos. — Dirigiu-se em seguida ao delator: — Pode ir embora, Felipe.

O rapaz saiu da sala, rubro de vergonha. A Diretora voltou-se para minha mãe:

— Foi um equívoco nosso. Peço-lhe desculpas. Prometo que não acontecerá de novo.

Minha mãe se ergueu e me tomou pela mão.

— Não acontecerá, com certeza. Não vou submeter meus filhos a esse sistema de delações. Nós vamos sair do colégio.

ABRE AS ASAS, LIBERDADE

Verdade que eu já tivera vislumbres dela, a liberdade, alguns anos antes, em 1962, quando papai comprou um pequeno terreno no balneário de Rio das Ostras. Lá podíamos aprender a exercitá-la, não apenas o nosso grupo familiar — mamãe, papai, Nando e Elizabeth —, mas também a família Mendes Campos, composta por Joan e Paulo, além de seus filhos, Gabriela e Daniel. Éramos todos tão afeiçoados que papai mandou construir uma minúscula suíte nos fundos de nossa casinha também minúscula, onde se hospedavam esses amigos constantes.

A sensação já começava quando entrávamos no carro, a caminho da praça XV. A travessia da baía de Guanabara era feita por barcas, a ponte Rio-Niterói ainda não existia. Esperávamos na fila até que chegasse a nossa vez. Durante a espera, tínhamos direito a picolé de chocolate e a uma imitação do biscoito Globo. Até hoje me lembro que, ao atravessar a baía de Guanabara, me sentia como um descobridor de novos mundos, um Marco Polo, um Fernão de Magalhães.

Daniel Mendes Campos era meu companheiro de aventuras. Aliás, eu é que era companheiro dele, porque minha afinidade com a natureza é praticamente nenhuma; costumo observá-la com respeito, mas falta-nos um mínimo de intimidade. Daniel, ao contrário, era uma mistura de Mogli, o Menino Lobo, com Tarzan. Seu prestígio no Leblon

96

era tamanho que todos os problemas do reino animal eram levados ao apartamento de Joan e Paulo para receber sua intervenção. Desde gatos que haviam subido no telhado da vizinhança até cachorros tomados de fúria. Sem hipérbole, Daniel era o Rei dos Animais.

Reinar sobre os bichos não era empreendimento fácil, como o leitor e a leitora desavisados poderiam imaginar. Certa vez, Joan Mendes Campos regressou das compras e, ao entrar no sacrossanto, ouviu um ruído estranhíssimo que vinha do banheiro. Aproximou-se apreensiva, antevendo a cilada. Ao entrar, deparou-se com um pinguim refestelado na banheira. Em seguida chegou Daniel, trazendo um balde cheio de gelo para abrigar seu amigo recém-chegado do polo Sul.

Sem falar nos passarinhos, assunto em que Daniel era especialista. Quando os conheci, os Mendes Campos moravam num conjunto de prédios reservados aos jornalistas, junto ao canal que separa Leblon e Ipanema. Na estreita área de serviço do apartamento, Daniel mantinha dezenas de passarinhos, entre periquitos, coleiros e outros bichos cujos nomes jamais fui capaz de decorar. Ele era uma figura tão fabulosa que merecera crônica de Rubem Braga, "Conversa de compra de passarinho", na qual um adulto passarinheiro, provável *alter ego* do cronista, tenta comprar de um menino um passarinho raro. E o menino, assediado pelas propostas milionárias do adulto — equivalentes hoje a uns dez reais —, se debate entre vender ou não vender.

Em Rio das Ostras tínhamos a liberdade de correr até o infinito. Um infinito modesto, que confinava, ao sul, com a Praia das Tartarugas (onde os quelônios que lhe deram o nome costumavam dar o ar de sua graça à flor d'água); a leste, com o oceano Atlântico, tendo ao fundo, do outro lado do mar, o vilarejo de Búzios ainda não celebrizado pela presença de Brigitte Bardot; a oeste, com o fim da reserva florestal iniciada em Casimiro de Abreu; e ao norte, com um cemitério marinho que raramente arranjava hóspedes. Todo menino da beira-mar tem essa experiência de absoluto diante do azul e da linha do horizonte. Eu me lembro, era pequeno e brincava na praia, o mar bramia. E erguendo o dorso augusto sacudia a mansa espuma para o céu sereno. Os leitores cultivados hão de perceber que as linhas anteriores foram furtadas de Casimiro de Abreu. Pior do que o furto era o que faríamos mais tarde, adolescentes, diante da tumba de Casimiro, no tal *cimetière marin* (escrevi em francês para atenuar a culpa — que jamais tive — por nossas homenagens urinárias no jazigo do poeta, na cidade vizinha de Barra de São João). É lá que Casimiro jaz à beira-mar. *In a kingdom by the sea*, à semelhança de uma das heroínas defuntas de Edgar Allan Poe, Annabel Lee. Depois volto a falar sobre isso.

Daniel e eu passamos a vaguear por Rio das Ostras como Átila pelo Império Romano. Tomávamos posse do que não era nosso. Pra começar, fomos ao manguezal junto ao rio que dava nome à cidade. Instruído por Daniel, eu me muni de um pedaço de pau e ficamos à espreita, perto das tocas dos caranguejos. Ao ver que algum deles se enfurnava para fugir de nós, eu corria e bloqueava a passagem do bicho para o interior da toca. Então Daniel enfiava a mão na escuridão lamacenta do buraco, recebia uma fisgada do caranguejo e, depois de um ai! elegantíssimo, puxava o infeliz para fora, albergando-o num saco que providenciáramos para a tarefa. Eu, que sempre fui covarde diante dos animais, ficava maravilhado não apenas com a coragem, mas por sua proximidade com a natureza, que sempre contemplo a distância.

O problema é que, ao fim de horas de trabalho, não conseguimos capturar mais do que dez caranguejos, e as mãos imprescindíveis de Daniel já estavam feridas pelas garras dos bichos. Como tínhamos um dinheirinho no bolso, para comprar picolé, bolamos uma solução heroica e engenhosa. Graças a ela, meia hora depois estávamos de volta em casa, exibindo às nossas famílias quatro dúzias de primeira classe. Depositamos a carga no panelão de minha mãe e lá ficamos, expostos à admiração de nosso pequeno mundo.

Nossa consagração durou pouco. No princípio da noite fomos visitados por um pescador que veio cobrar pelos caranguejos. Enquanto recebíamos a gozação de mães, pais e irmãos, os espécimes que havíamos comprado escaparam da panela. Só foram conduzidos de volta para o fogo graças a um mutirão familiar. Já a nossa fama de contrabandistas de crustáceos jamais nos abandonou.

Quase todo mundo sabe que Paulo Mendes Campos é dos maiores cronistas do Brasil. Apesar de gastar um bocado de lirismo em seus textos para a imprensa, sobrou-lhe poesia para poemas como "Infância", uma das obras-primas do século XX. Além de tudo, Paulinho, como o chamávamos carinhosamente lá em casa, era uma figura amável. Delicado, divertido no trato. Deve ter herdado de seu pai, dr. Mario Mendes Campos, o gosto pela literatura e a urbanidade. Conhecia tudo sobre a poesia brasileira, a inglesa e a francesa. Tinha uma capacidade admirável de observar a vida cotidiana e traduzi-la em versos:

Minha mãe abria a geladeira
Com um gesto anterior às geladeiras.

O único defeito de Paulo Mendes Campos, a meus olhos, era beber mal. Muito mal. Já no segundo uísque perdia parte de suas qualidades e se transfigurava numa pessoa agressiva, disposta a brigar com a humanidade. Acontece nas melhores famílias, inclusive na minha. Desgraçadamente, fui antagonista de algumas de suas metamorfoses.

Nosso primeiro confronto se deu durante um almoço dominical na pizzaria La Mole, na rua Dias Ferreira. Paulo e eu travamos um elegante debate futebolístico, no qual eu o chamava de *Bostafogo* e ele me chamava de *Tricocô*. Persistimos na troca de convicções, até que, a caminho do banheiro, ele parou discretamente ao meu lado para me estrangular. Aplicou uma gravata no meu pescoço tão bem encaixada que me preparei para dizer adeus ao reino deste mundo. Felizmente outro grande amigo da família interveio e disse:

— Paulo, você está matando o menino!

Ele voltou a si e largou o meu pescoço. Não fosse a intervenção de Jorge Campelo, eu não estaria aqui pra contar a história.

Paulo e eu tivemos outras polêmicas menos acaloradas. No final dos anos 1960, me lembro de divergirmos sobre a posteridade dos Beatles. Para minha estupefação, ele me assegurou que a memória deles desapareceria em meia dúzia de meses. Usei todos os argumentos ao meu alcance para demovê-lo da hipótese. Em vão. Lembro-me do meu prazer vingativo ao mostrar-lhe, anos mais tarde, a tradução da letra de "Blackbird", de Lennon & McCartney, feita por ninguém menos do que Carlos Drummond de Andrade, ídolo dele e de todos nós.

Certa vez uma professora de português mostrou um poema na sala de aula. Eu tinha 13 ou 14, nunca tinha ouvido falar no autor. Guardei a inicial do sobrenome e perguntei ao Paulinho:

— Você por acaso conhece um poeta inglês cujo sobrenome começa com V?

Ele era tão culto que mencionou três nomes que desconheço até hoje. De repente, desconfiou de minha ignorância e arriscou:

— Valéry?

— Esse mesmo! — afirmei com entusiasmo.

Ele, indignado, vociferou:

— Valéry é francês, seu débil mental!

Esclareço que a expressão "débil mental" ainda não era considerada politicamente incorreta, e era muito comum em nossas casas. Ainda assim, me senti humilhado. A professora de português tinha se esquecido do acento agudo no é, como é que eu podia adivinhar que Paul Valéry não era anglófono?

Alguns anos mais tarde, eu estava na casa de minha professora de inglês, Janet Still, quando PMC telefonou. Ele havia perdido dois versos no oceano da poesia de língua inglesa. Perguntou a Janet se ela sabia de quem eram os versos perdidos:

After so many years light is novel
Still and immensely ambitious...

Janet declarou a Paulo que não se lembrava dos versos, ou não os conhecia, desligou o telefone e relatou a conversa para mim. Respondi, na ponta da língua:

— Esses versos são de W. H. Auden.

Janet telefonou de volta para Paulo. Disse-lhe quem era o autor dos versos. Ele comentou: "Que memória a sua!" Janet esclareceu que quem havia se lembrado dos versos não era ela, era eu. Apesar de ser um dos expoentes da ignorância nacional, coube-me o privilégio de lembrar quem era o autor das palavras extraviadas. Por pura coincidência, eu tinha acabado de ler os *Collected Shorter Poems*, de Auden. Paulo Mendes Campos deve ter pensado: "Esse cretino melhorou muito nos últimos anos."

Não esclareci a coincidência. Fiz questão de perpetuar seu espanto. E ele passou a me considerar, pelo menos, um débil mental letrado.

Passado algum tempo, nossas diferenças arrefeceram. Como eu tocasse violão, Paulo me deu três poemas dele para musicar. Um deles era uma paráfrase, pra variar, de Drummond:

Meus olhos mineiros devoram sereias
Minha pele triste bebe o sol
Querendo que eu desafine

Passa nas pautas do vento
Um anjo só de biquíni
Só no meu apartamento...

Anos mais tarde, tive o privilégio de publicar e prefaciar, com o incentivo dele, sua tradução de *Os dois cavalheiros de Verona*.

Admirável mundo novo

A esta altura, já havíamos nos mudado para o Leblon. Cedo descobri que o bairro é uma ilha, cujos confins são o canal da rua Visconde de Albuquerque, o oceano Atlântico, o já mencionado Jardim de Alah, na fronteira de Ipanema, e, provavelmente, um dos riozinhos que descem do Maciço da Tijuca, e que talvez não mereça ser chamado de rio, pois não passa de um ribeirão.

Naquele tempo, princípio dos anos 1960, o Leblon não era parecido com o de hoje. Ainda não havia muitos edifícios, era um bairro mais barato do que Copacabana, cheio de casas nas quais moravam muitos funcionários estrangeiros — nórdicos, alemães e, sobretudo, americanos. Meu vizinho da frente se chamava Jimmy e sua irmã, Bárbara, ambos sem muita graça. Só me lembro dele porque me deu um skate de presente. Dela, porque trocava de roupa em frente à janela lá de casa, um dos meus passatempos era espiá-la. Não que ela fosse uma Ursula Andress, mocinha de *007 contra o satânico Dr. No*, o primeiro filme de James Bond, que assisti no antigo Cine Leblon, fingindo que tinha 14 anos. Também não se comparava a Janet Leigh, protagonista de *O escudo negro de Falworth*, a que assisti no Cine Miramar, em condições semelhantes. Minha influência maior no cinema teria sido Brigitte Bardot, mas as autoridades sanitárias não me deixavam assistir aos seus filmes.

No futuro, em 1996, a prefeitura da cidade me encomendaria um livrinho sobre o Leblon. Pensei que eu talvez fosse o Heródoto do bairro. Doce ilusão. O Leblon já era objeto do conhecimento pelo menos desde os tempos de Benjamin Constallat, que falava do hotel homônimo na subida da avenida Niemeyer, então famoso por abrigar romances clandestinos. De Ipanema, nem se fala. O cronista João do Rio já mencionava o bairro na *belle époque*, insistentemente, e, segundo os cronistas Sérgio Cabral e Ruy Castro, fazia merchandising, por encomenda de um dono de terras naquela região ainda remota no início do século XX.

O Conselheiro Aires, personagem de Machado de Assis, afirma que "o mundo começa no cais da Glória ou na rua do Ouvidor, e termina no cemitério São João Batista". Já o meu pequeno mundo era quase todo no Leblon, fora as incursões ao novo colégio, em Ipanema, ou ao curso de inglês e ao dentista, em Copacabana.

Para que nos orientássemos em nosso microcosmo, Paulo Mendes Campos criou um mnemônico que permitia guardar na ordem correta os nomes das ruas do Leblon. A fórmula é: PAG CC JJ BUVAGAR JÁ. Se o leitor ainda não percebeu a arte desta invenção, basta acompanhar os nomes das transversais da avenida Ataulfo de Paiva, desde o P, de Pereira Guimarães, passando pelo CC, de Carlos Góis e Cupertino Durão, cruzando Urquiza, Venâncio Flores e Artigas — todos generais, se Mnemosine não me falha —, até o A, do Visconde de Albuquerque. Em suma, mesmo que não tivesse escrito crônicas e poemas esplêndidos, PMC já mereceria a posteridade por seu mnemônico leblonino.

Sempre pensei em escrever um Mapa do Rio Mito. Não faria como Joaquim Manuel de Macedo em seu *Um passeio pela cidade do Rio de Janeiro*, que, apesar das qualidades, é refém da modalidade inelutável do visível, como disse um irlandês que sofria de glaucoma e, certamente, enxergava mal. O visitante poderia consultar o meu Mapa e, através dele, percorrer todos os caminhos reais e imaginários da cidade, em tempos simultâneos. Poderia entrar num edifício na Cinelândia e desembarcar num istmo inexistente ao lado do Pão de Açúcar, como o engendrado por Alfred Hitchcock, de onde o visitante assistiria à tomada da cidade pelas tropas de Estácio de Sá, contando com o reforço aeronáutico de José de Anchieta. Depois visitaria a Quinta da Boa Vista, ainda habitada pela família imperial, tendo ao fundo o barão de Drummond (só dá Drummond neste livro!) já empenhado em lançar um loteamento chamado Vila Isabel, para assim ganhar a simpatia — e o alvará — da princesa homônima, e depois inventar, como chamariz para o seu zoológico, o jogo do bicho.

(Recentemente visitei o novo Zoológico, que agora se chama Bio Parque, levado por minha amada e nosso filho Vinicius. Os animais, sem o encarceramento do passado, passaram a morar em viveiros elegantes. O leão e o tigre, de tanto comer, dormem o tempo todo. A cada setor do parque, os visitantes são trancados em espaços gradeados, para que não haja dano aos animais. Tudo indica que, com a extinção em breve de nossa espécie, restarão lá alguns remanescentes de nós, vigiados por lagartos, hipopótamos e jacarés.)

***

Meu novo colégio era adorável. Tive a impressão de que havia saído da Coreia do Norte, na ditadura Kim, e desembarcado em Amsterdã. Os conteúdos eram modernos, os professores conheciam o mundo e não haviam parado de pensar no século XVII, antes da invenção do Iluminismo. Não havia mais padre querendo nos ensinar seu catecismo concupiscente. (Lá vem a fonética!) E eu, que me julgava marginal, descobri que era uma pessoa civilizadíssima. Perto dos bagunceiros profissionais de minha turma, não passava de um amador. Esse verniz de civilidade transferiu-se também para outros capítulos da vida. As meninas conversavam comigo. Não imaginavam que eu fosse um troglodita. Mas era jogo duro. Em meados dos anos 1960, o Rio ainda não era a metrópole emancipada do futuro. As meninas eram pudicas, quase vitorianas. Pelo menos comigo. Para conseguir algum contato físico, era uma espécie de decatlo olímpico. Era preciso conviver por meses, fazer promessas de amor eterno. Admito que elas já falavam às vezes como as heroínas de Jane Austen. Mas, na prática, não rolava nada. Por isso, meus companheiros de adolescência — todos mais velhos do que eu — frequentavam a rua Alice, onde ficavam o B. P. e B. O. (Deixo a decifração das iniciais para a leitora curiosa.) Eu, o benjamim da turma, não cheguei a participar dessas excursões.

Ai de mim se não fossem as americanas! De vez em quando nossas vizinhas, cidadãs avançadas do Grande Irmão do

Norte, davam festinhas num apartamento na rua Dias Ferreira. Na visão de meu colégio anterior, eram festins de Sodoma e Gomorra. Elas beijavam, deixavam passar a mão no mapa-múndi, faziam coisas incríveis. Grandes americanas! Talvez venha daí meu inabalável apreço pela língua inglesa. Anos mais tarde, quando se exacerbaram ânimos anti-imperialistas, e os nacionalistas, entres os quais me incluía, berravam slogans contra os americanos, fiquei dividido entre os interesses da pátria e as memórias da adolescência: *Yankees go home?* Não, *yankees don't go!*

Claro que nós, meninos brasileiros, éramos um passatempo tropical das americanas. Tínhamos alguns direitos humanos, não precisávamos chamá-las de *bwana*, como os ingleses obrigavam nativos africanos a fazer durante seus safáris. Mas nossos *affairs* (quase anagrama de safári) eram no máximo romances de verão. Um dia acabava o exílio, ou a vilegiatura militar ou diplomática ou comercial dos pais, e as moças se desvaneciam, sumiam no ar. E nós, pobres-diabos, voltávamos à dura (e como era dura!) realidade dos fatos.

Miss Café do Paraná

Com a debandada das americanas, rodávamos a cidade em busca de estrelas que servissem de consolo para a solidão à beira-mar. Nossa deusa preferida era a Miss Café do Paraná. Não saberia descrever essa entidade tão física e ao mesmo tempo quase transcendente. Ela morava na Visconde de Albuquerque, a avenida do canal do Leblon, onde alugava um quarto. Nunca fiquei sabendo se era comerciária ou funcionária pública, nem essas bagatelas tinham importância para uma criatura de tal maneira extraordinária. Só era importante sua sagração mítica: no passado recente, segundo a versão corrente entre as almas inocentes do Leblon, nossa deusa tinha sido Miss Café do Paraná, título que não sabíamos que existia, mas que soava em nossos corações de adolescentes como um brasão de cavaleiro andante na imaginação de Dom Quixote. Ela era a nossa musa, a nossa utopia sexual, a nossa Jerusalém Libertada. Ah, bendita Miss Café do Paraná!

Costumava chegar do Centro no final da tarde, pouco depois das seis horas. Quando desembarcava da carona, esperávamos discretamente que entrasse em seu prédio. Em seguida, saíamos em desabalada carreira rumo ao edifício ao lado, onde morava um dos componentes da nossa gangue, para espiá-la de calcinha e sutiã através do basculante. Sua opulência física nos alucinava.

Não cabe ao cronista desmitificar seus personagens. Mas, à luz das preferências de hoje, talvez a moça não fosse dos modelos mais triviais de beleza. Em comparação com as deusas dietéticas da contemporaneidade, Miss Café exibia demasiada abundância. Tudo nela era exagerado, a bunda, as roupas, o batom. No entanto, para quem só tinha a imaginação como parceira, a moça era um sonho. Mesmo os mais velhos da turma, lá pelos 17, 18, julgavam Miss Café do Paraná um objeto de desejo quase tão inalcançável quanto Janet Leigh ou Marilyn Monroe. E tinham razão. Era tijolo demais para o nosso puxadinho.

Uma tarde, eu vinha sozinho descendo a Visconde de Albuquerque quando me deparei com Miss Café desembarcando de sua carona. Tremi nas bases. Nunca havia contemplado aquela figura monumental assim, face a face, sem a proteção da presença dos outros. A despeito disso, saudei-a timidamente. Ela devolveu-me o sorriso simpático com que costumava receber nossas ridículas manifestações de admiração. Quando já me preparava para cair fora, aliviado por escapar da presença de um ser que me assombrava os sonhos, Miss Café voltou-se e disse:

— Você quer jantar comigo?

— Jantar? — balbuciei em estado de total estupefação, provavelmente olhando ao redor, em busca de um interlocutor menos improvável para a fala de Miss Café do Paraná. Mas não havia vivalma em torno. Era comigo mesmo. A deusa da minha rua, em carne e osso, me propunha um dilema terrível: ou fugir aterrorizado para o país da infância ou encarar o desafio da sexualidade em flor, sem a menor experiência no ramo. Quase numa compulsão, preferi a segunda hipótese. Por via das dúvidas, resolvi confirmar se tinha escutado o convite:

— Jantar comigo? Você?

— É. Se você quiser, podemos sair pra jantar, juntos.

— Quando?

— Qualquer dia. Quando você prefere?

— Prefiro hoje. Pode ser?

— Claro. Você me pega às nove?

— Às nove, combinado.

Enquanto Miss Café caminhava com todos os parangolés em direção à portaria de seu edifício, fazendo questão de sorrir pra mim ao entrar, minha alma entrou em pandemônio. Aos 14 anos de idade, eu não tinha estrutura psicológica, nem dinheiro, nem enxoval para essa espécie de aventura. Se fosse Thomas Mann, levaria no mínimo cinco páginas para explicar a preparação para esse encontro fatídico, no qual, se os deuses conspirassem a favor, o rumo da minha vida mudaria. Mas como este relato não deseja voar além da moldura da crônica, não vou aborrecer a leitora e o leitor com as infinitas providências, desde me perfumar com a água-de-colônia de meu pai até a luta pelo empréstimo de uma roupa que me fizesse aparentar meia dúzia de anos a mais, nem com as especulações psicológicas, as conversas que ensaiei, as vacilações de meu espírito sob a guarda alternada dos anjos do ceticismo e da esperança.

Cheguei triunfalmente ao restaurante La Mole, o mesmo em que quase fora estrangulado anos antes, às 21h15, em companhia de Miss Café do Paraná. Quando me viu ao lado da deusa, Chico — o futuro proprietário, a essa altura ainda sócio-gerente — quase morreu de susto. Ele, que já me conhecia dos almoços familiares de domingo, deve ter pensado: como é que esse menino, mal saído dos cueiros, arranja um transatlântico desses? E começou a me tratar como se eu fosse a última encarnação de Vishnu. Gostei.

Não me lembro qual foi a pauta intelectual do jantar. Nem eu era um modelo de loquacidade, pelo menos em presença de criaturas acima das minhas posses, nem Miss Café era uma versão curitibana de Simone de Beauvoir. Devemos ter falado sobre as preferências astrológicas (a conversa sobre os signos estava recomeçando a entrar na moda) ou sobre os encantos geográficos do Paraná, enquanto eu escutava ao fundo o estrondo das sete quedas da minha fantasia sexual. Do cardápio me lembro com certeza: tournedor ao molho de champignon. Em meu modesto repertório de adolescente, era o máximo da sofisticação. Em geral, eu comia pizza. Agora, enquanto comíamos nossa ceia nababesca, meu amigo Chico nos espreitava, prestimoso, do balcão. Imagino que ele já conhecesse Miss Café, pessoalmente ou de fama, porque ela morava nas imediações. Tratou-nos com gentileza acima do normal. Como arremate principesco, chegou a nos oferecer um cointreauzinho, por conta da casa. (Em minhas visitas posteriores ao La Mole, Chico nunca mais me tratou como um ser humano comum. Aos seus olhos, passei a ser um herói, um astronauta, um Mahatma Gandhi.)

Paguei a conta com uma *nonchalance* digna de príncipe das Arábias. Por trás da fachada de elegância, eu sabia que minhas finanças estavam arruinadas para as próximas três encarnações, ou, pelo menos, para os próximos três meses. Mas a perspectiva de um romance com Miss Café do Paraná valia o sacrifício. Por Miss Café do Paraná eu escreveria ditirambos, plantaria bananeira, descobriria a América.

Saímos já suavemente alcoolizados, Miss Café e eu. Fazia tempo bom, mas era como se chovesse num filme romântico francês. Não havia mais ninguém no mundo, só eu e Miss Café do Paraná. Demos um passeio pela beira-mar. Subimos até o mirante da avenida Niemeyer, de onde contemplamos o céu e as estrelas. Ela me fez confidências. Percebi duas ou três vezes sua voz embargada de emoção. Quando caminhamos de volta para a Visconde de Albuquerque, ela se amparou algumas vezes em meu corpo.

Eu me sentia o próprio Salomão mostrando as graças de Jerusalém à rainha de Sabá. Embriagado com o perfume de Miss Café. Embriagado com a proximidade daquela deusa. Embriagado sobretudo pela iminência dos carnavais da carne, em meio à revoada de hormônios que diziam sim, sim, sim, eu disse sim. Ah, como eu queria dizer adeus às folias solitárias da adolescência.

Quando chegamos à portaria do edifício de Miss Café, a deusa me encarou romanticamente, à espera da palavra mágica, da senha que me abriria as portas de sua alcova paradisíaca, onde eu conheceria mais prazeres do que Harun Al-Rashid em seu palácio de Bagdá. Eu a encarei com infinita doçura e disse: já amei diversas mulheres por suas diversas qualidades, mas nunca assim, com toda minha alma, pois sempre alguma sombra de defeito pairava sobre a graça mais perfeita e desfazia o meu encantamento. Mas você é tão bonita e tão perfeita, parece feita da pequena parte de perfeição que há em cada criatura.

Quer dizer, isso era o que eu deveria ter dito e não disse. Pobre de mim! Eu ainda não conhecia essas palavras, e, mesmo que as conhecesse, não teria a coragem de usá-las para seduzir alguém, ainda mais Miss Café, cujo forte não era a poesia. Fiquei só encarando a deusa como um boi de presépio contemplaria a Assunção da Virgem. Numa última esperança, pensei que Miss Café talvez fosse capaz de adivinhar meus pensamentos, imaginasse a girândola de metáforas, o cântico dos cânticos oculto por detrás de minha mudez reverencial. Quase explodi de ansiedade. Por fim, Miss Café do Paraná rompeu o silêncio e disse, com certo desdém, provavelmente julgando-me um idiota: "Boa noite."

E a minha felicidade embarcou para sempre naquele elevador da avenida Visconde de Albuquerque.

Grandes esperanças

Meu sonho era ser músico. Todos lá em casa estudávamos piano. Meu irmão se tornou profissional. Minha irmã tinha um talento fabuloso. Já eu batucava o teclado com fúria, para terror de todo o edifício. Nosso vizinho de porta, no 1.002, era o compositor Francisco Mignone. Me encontrei com ele trinta anos mais tarde, à mesa de um debate na Escola Nacional de Música. Não tive coragem de me identificar como o cruel executante das batucadas que deviam levá-lo à loucura.

Não satisfeito em maltratar ouvidos e pianos da humanidade, passei a tocar também violão. Estudei os primeiros acordes numa academia em Copacabana, que tinha entre seus fundadores a cantora Nara Leão. Nas primeiras aulas aprendi a tocar "Samba da minha terra", de Dorival Caymmi, e "Só danço samba", de Tom Jobim e Vinicius de Moraes. Também tirei de ouvido alguns clássicos de Ary Barroso, Ismael Silva, Geraldo Pereira e, sobretudo, Noel Rosa. Anos mais tarde, ao ver que um amigo enchera sua casa de mesas de bar, sugeri que ele pendurasse na parede versos do "Último desejo": "E às pessoas que eu detesto / Diga sempre que não presto / Que o meu lar é um botequim."

Compus algumas melodias no piano e no violão, todas medíocres. Minha salvação foi meu colega de classe, Eduardo Souto Neto. Compositor de talento precoce, era parceiro de Sérgio Bittencourt, filho de Jacob do Bandolim, e me encomendou letras para suas músicas, que escrevi ao correr da pena, achando a coisa mais divertida do mundo. Para minha surpresa, fomos gravados por diversos cantores. Miltinho, Dóris Monteiro, Evinha, Marlene, Alaíde Costa, Jorginho Telles. Nosso divisor de águas foi Vinicius, que se apaixonou por um chorinho nosso e mais tarde decidiu gravá-lo.

A música me infundia uma alegria mozartiana. Imprescindível. Aos poucos, contudo, percebi que era insuficiente para expressar minha perplexidade diante do mundo. Onde procurar refúgio? Desde o final da infância eu era fã de Manuel Bandeira e Vinicius de Moraes. Ambos foram gravados em disco, seus poemas eram reproduzidos lá em casa o tempo todo. Na adolescência li os dois avidamente. Também lia com curiosidade um livro chamado *Claro enigma*, embora não entendesse grande parte de seus versos. O autor? O nome mais recorrente deste livro: Carlos Drummond de Andrade. Bandeira e Drummond se tornaram para mim uma espécie de Velho Testamento.

Aos 15 anos ganhei as *Obras completas* de CDA, presente de um amigo de meu pai, M., em circunstâncias peculiares. Era um jornalista solteirão, por volta dos 50 anos. Morava numa das transversais da avenida Atlântica, quase esquina do mar. Debaixo de seu edifício havia um bar, onde as prostitutas faziam ponto. Bonachão, ele se tornara amigo das moças e às vezes convidava uma delas para subir a seu apartamento, geralmente para protegê-la das *Blitzen* da polícia. Certa noite abrigou uma moça nervosa. Para acalmá-la, leu poemas. A moça se acalmou, respirou fundo e se aproximou da janela. De repente, atirou-se do décimo primeiro andar, sem explicação. M. entrou em parafuso. Era intelectual católico, creio que ex-seminarista. Não podia compreender como e por que alguém dá cabo da própria vida de maneira tão resoluta.

Além do terror filosófico, M. também tinha o temor de ser acusado pela morte da moça. Um detetive da polícia o tranquilizou quanto a isso: segundo os peritos, sempre que alguém é empurrado de uma janela, o corpo cai rente à parede do prédio. Já quando existe o ímpeto do suicídio, o salto voluntário faz com que o corpo caia a certa distância. A informação resolveu a preocupação de M. quanto à sua improvável incriminação, mas não quanto às dúvidas existenciais que o tinham acometido. Nunca mais o vi, mas imagino que o espectro daquela noite o tenha perseguido para sempre. Como escutei seus tormentos durante dois dias, ele me deu de presente a sua bíblia laica, os poemas de Drummond.

O Novo Testamento era Vinicius. Além da poesia, era o compositor preferido de minhas tias. Celinha, Maria Lucia e Dulce cantavam em coro "Serenata do adeus", "Eu sei que vou te amar" etc. O resultado artístico da cantoria não era dos melhores, mas as canções me deixavam comovido como o diabo. (A partir desta citação, o grande Carlos D. de Andrade fica proibido de aparecer nas próximas dez páginas desta narrativa.)

Outro mundo novo

Felizmente, a realidade começou a mudar. Me lembro de conhecer na praia a sobrinha de uma amiga de minha mãe. Isabelle Anne, embora filha de ingleses, parecia desembarcada de uma pintura de Botticelli. Num dia em que o mar de Ipanema abdicou das ondas, como se fosse uma lagoa sem fim, ela e eu conversamos por mais de duas horas dentro d'água, boiando à flor do universo. Não sei sobre o que falamos, mas estabeleceu-se entre nós uma sintonia total. Conhecíamos previamente tudo o que o outro tinha a dizer. A afinidade era tamanha que as pessoas na praia, entre as quais a tia de I. A., fixaram a delicadeza do encontro.

Não me atrevo a fazer um inventário das besteiras que havia feito até então. Agora, no apogeu da adolescência, tudo levava a crer que eu tinha amadurecido. Queria ficar para sempre à deriva no mar do verão, em companhia de Isabelle Anne. Talvez não merecesse aquele instante de plenitude, talvez os deuses estivessem momentaneamente distraídos e, em sua desatenção, permitissem a nós, mortais, a impressão fugaz do que seria um mundo perfeito. Ou quem sabe a perfeição vislumbrada fosse uma forma de compreender que talvez haja ordem no universo, um acaso que revoga todos os acasos.

Saboreei a memória dessa tarde durante uma pequena eternidade. Pensei que ela se apagaria do mesmo modo que se evaporam tantas lembranças no rumo do esquecimento. Outro engano.

Pouco tempo depois, recebi um exemplar do *Hamlet*, uma edição escolar da New Swan Shakespeare, de 1970. As anotações no livro tinham sido feitas por Isabelle Anne. Guardei na memória alguns fragmentos, que mais tarde traduzi:

Há um salgueiro inclinado sobre um riacho
Onde ela entretecia suas guirlandas (...)
Quando subia para pendurá-las,
Um galho, enciumado, se partiu,
E ela, com suas guirlandas, despencou
No riacho que chorava. Suas roupas
Se inflaram e a sustentaram à flor d'água
Como sereia, enquanto ela cantava
Pedaços de baladas muito antigas
Sem consciência da própria desgraça...

Junto com o livro, recebi a notícia de que minha namorada da praia havia morrido num acidente. Com elegância britânica, sem dizer palavra a respeito da dor inerente à perda, sua tia me deu de presente a edição do *Hamlet* com anotações manuscritas de Isabelle Anne.

Ao saber que ela tinha morrido num desastre de automóvel, fiquei atônito. Como uma pessoa de 17 anos podia morrer assim, depois de um dia assim, com um sol assim, num acidente assim? A morte, que eu desconhecia até pouco antes, passou a me assombrar as noites e os dias. A morte, esse país não descoberto, de onde nenhum viajante jamais pôde regressar.

Até então, me sentia um enamorado da morte, desde que descobri meus poetas da infância, Augusto dos Anjos, Cruz e Sousa. De repente, percebi que a morte não tinha graça. Seria eu para sempre tocado pela tragédia, como meu ídolo Edgar Allan Poe? Estaria fadado a perder Lenore e Annabel Lee?

O SER E O NADA

Em busca de explicação para a vida e a morte, comecei a frequentar José Carlos de Oliveira — Carlinhos Oliveira, para os íntimos e, sobretudo, para os não. Considerado um dos melhores textos da imprensa carioca, rivalizando talvez com Joel Silveira. Ambos tinham fama de escrever bem até matéria paga, num tempo em que Gutenberg ainda tinha prestígio. Carlinhos era cronista — escrevia para o *Jornal do Brasil* quatro vezes por semana — e amigo de meu pai. Um metro e sessenta de altura, barba à Allen Ginsberg, bolsa hippie a tiracolo. O conjunto sugeria um beatnik da Califórnia misturado com *clochard* parisiense.

Carlinhos me adotou como pupilo. Passei a visitá-lo quase todas as tardes, em seu apartamento da rua João Lira, perto do mar, ou em seu escritório, o bar e restaurante Antonio's. O Antonio's era extraordinário. Uma varanda, na qual cabia meia dúzia de mesas, e um pequeno salão, com outras oito ou dez. O clima, no entanto, era peculiaríssimo. Às vezes tinha atmosfera semelhante à do La Coupole, quartel-general dos existencialistas de Paris; outras, um ar de botequim chique onde novos e velhos ricos conviviam com a fina flor dos artistas e intelectuais: Vinicius, Chico Buarque e mais toda a turma do semanário *O Pasquim*, além de políticos, empresários, tudo o que havia do bom e do pior. O Antonio's serviu de referência para o romance *Bar Don Juan*, de Antonio Callado, um dos *habitués* da casa. Como epígrafe de seu livro, Callado usou um fragmento de W. H. Auden, o mesmo autor dos versos citados páginas atrás: "Quando se rompe o processo histórico / quando a necessidade se torna associada ao horror / e a liberdade ao tédio / é uma boa hora para se abrir um bar." Descrição perfeita da época.

Fui também adotado pelos donos do bar, Manolo e Florentino, que se tornaram meus amigos. Graças à simpatia deles, ganhei o privilégio de tomar dois ou três uísques de graça e comer um quindim. Se tivesse que pagar a conta, ficaria sem um tostão durante um ano. Assim me enturmei com figuras notáveis de outras gerações. Entre eles Ronnie Porrada, economista brilhante, que se tornou à época meu professor de matemática. Como a ideia do amor livre acabara de chegar à elite intelectual do Rio — a elite econômica já o praticava, na moita —, ele me oferecia as moças como se fosse um mercador de escravas: "Quer transar com a Fulana?" — dizia ele em voz alta. E apontava para uma das modelos mais belas do Rio sentada ao lado, que escutara a oferta. A modelo sorria, disposta a aceitar a nova "política do corpo". Tímida e hipocritamente, eu respondia que não, muito obrigado.

Outra figura encantadora era Ronald Chevalier, chamado por todos de Roniquito, famoso pelo senso de humor, pela irreverência e pela agressividade. Quando R. enchia a cara, tinha mania de reduzir seus mais nobres colegas de bar à sua insigne insignificância, comparando-os aos cânones do passado. Antonio Callado e Tom Jobim eram duas de suas vítimas prediletas. Ele dizia:

— Antonio Carlos Jobim, você conhece Heitor Villa-
-Lobos?

E o Tom, que adorava Villa-Lobos, respondia com paciência infinita:

— Conheço, Roniquito...

E Roniquito decretava:

— Então vá à meeeeerda! (Reduplico a vogal na esperança de reproduzir a fala de Roniquito.) Já Antonio Callado,
tão elegante que tinha o apelido de Sir Anthony, era sempre
submetido à pergunta:

— Antonio Callado, você conhece William Faulkner?

E Callado, que adorava Faulkner, se antecipava à con-
denação:

— Conheço. Já sei, Roniquito: vou à merda.

Roniquito também tinha vítimas menos célebres. Certa noite, duas senhoras chiques conversavam à mesa do
Antonio's, recém-chegadas de um balé do coreógrafo
francês Maurice Béjart, uma das grandes estrelas da época. Ambas rasgavam elogios ao espetáculo e, ao perce-
berem Roniquito, refinado e culto, na mesa ao lado, per-
guntaram:

— Roniquito, você gosta de Béjart?

Roniquito respondeu:

— Prefiro Fouder.

A dama, julgando-se incompreendida, insistiu na pergunta:

— Estou falando de Maurice Béjart...

E Roniquito, na lata:

— E eu, de Pierre Fouder!

O Antonio's era frequentado por mulheres admiráveis. Difícil fazer uma seleção: Tônia Carrero, Marina Colasanti, Nélida Piñon, Leila Diniz, Marilda Pedroso, Scarlet Moon, Lygia Marina de Moraes, Silvia Sangirardi, Marília Kranz. Desde as batalhas das *suffragettes* pelos direitos femininos, no início do século XX, o feminismo ganhara espaço. Eu já era fã de Virginia Woolf, de Mary Shelley e em breve conheceria Murasaki Shikibu, a japonesa que inventara o romance quinhentos anos antes do Quixote. O machismo parecia agonizar ante o talento das musas-artífices do admirável mundo novo. Se dependesse delas, o Brasil e o mundo estariam salvos.

As mulheres propunham aos homens uma relação de igualdade. Dispunham de suas vidas e de seus corpos. Escolhiam os homens que desejassem, mas tinham o direito de mudar de ideia e de escolher outros. Percebi que elas não eram mais o mero objeto de desejo dos homens, como aprendi nos filmes da infância, sobretudo nos de Marilyn Monroe, a que havia assistido clandestinamente. Só nos cabia ser sujeitados por esse novo ser que emergia dos discursos idealizados do patriarcado. Lá em casa, minha irmã e até minha mãe já eram exemplos da nova mulher, cada qual à sua maneira e em sua geração.

Além das mulheres da vanguarda artística e comportamental, também frequentavam o Antonio's as estrelas do momento. Foi lá que a modelo Marina Montini, musa do pintor Di Cavalcanti, me contou como foi sequestrada em Hong Kong, no iate-junco do chefe da máfia chinesa, em companhia de minha amiga Laura Figueiredo. Enquanto o jantar a bordo era servido, o iate afastou-se silenciosamente da costa. Quando Marina se deu conta, estava em alto-mar, refém do chefão. "E o que você fez?", perguntei candidamente. Ela: "Ora, dei pro chinês."

Também apareciam sempre os penúltimos machões sedutores. O exemplo maior era César Thedim, engenheiro e, conforme a circunstância, produtor de cinema, casado com minha futura amiga Tônia Carrero. Nas horas vagas, foi um dos maiores conquistadores de corações do Rio de Janeiro. Conheci-o no apartamento de Carlinhos Oliveira, tendo Leila Diniz a seus pés, mesmerizada pelo seu charme. Segundo o anedotário carioca, César era o refúgio e abrigo das desesperadas de Espanha e de todas as nações ocidentais. Entre as quais uma princesa descendente de uma casa real alemã, que viera ao Brasil em busca de um *latin lover*, pois já havia namorado todos os homens desinteressantes da Europa. Vendo a beldade em tal estado, um empresário amigo da princesa lhe prometeu que César seria o seu príncipe encantado. Ato contínuo, telefonou pelo rádio de seu iate para convocá-lo para a missão.

A narrativa lendária da aventura é mais inverossímil do que o naufrágio de Camões no golfo de Tonquim, tendo numa das mãos o texto d'*Os Lusíadas* e na outra sua amada Dinamene. Há versões controversas sobre o desfecho da história, como em todos os mitos, mas o espírito nacionalista da época sempre acreditou que César, honrando seu nome de guerreiro, fez com que a Europa se curvasse ante o Brasil. Ou, quem sabe, o contrário.

No bojo das lutas modernizantes havia acabado de chegar à cidade a ideia da revolução sexual, o único instante da história em que os seres humanos juntaram os anticoncepcionais, a fome e a vontade de comer. (Nos outros grandes surtos de liberdade de que me lembro havia sempre a iminência da peste, da erupção do Vesúvio ou, na melhor das hipóteses, o fogo do Inferno à espera de quem se aproveitasse da crise e do circo das circunstâncias.) O divisor de águas entre o *Ancien Régime* e a revolução dos costumes, segundo meu amigo e oráculo Zuenir Ventura, foi o Réveillon de 1968-69, em casa de Heloísa Buarque de Holanda.

No final dos anos 1960, a liberação erótica tornou-se quase obrigatória, pelo menos para a elite intelectual carioca. Quem insistisse em sonhos monogâmicos era considerado excêntrico, misógino ou tarado. Claro que as mulheres moderninhas se sentiam terrificadas ante a perspectiva do amor livre geral. Nós, homens moderninhos, também. Elas consultaram suas guruas: "Vamos ter que transar com todo mundo?" A mais afamada das ideólogas cariocas respondeu: "Não. É só fingir..." Mesmo para quem não surfou na onda libertária do início dos anos 1970, o mundo mudou. Ninguém mais considerava a possibilidade de se devotar às virtudes do espírito, como santo Agostinho e tantos libertinos em final de carreira. Todo mundo queria viver o tempo presente.

Bebíamos loucamente. Beber no século XX era tão obrigatório como fazer ginástica na Grécia ou no século XXI. Nossos heróis literários eram quase todos alcoólatras. Repetíamos anedotas supostamente edificantes sobre o tema.

Faulkner, por exemplo, teria vindo ao Brasil em estado de tamanha embriaguez que, quando abriu a janela de seu hotel em São Paulo e contemplou a cidade, teria exclamado: *"Oh God, what the hell I'm doing in Chicago?"* Fitzgerald teve seus belos e malditos desastres pessoais e alcoólicos publicados pelo amigo Edmund Wilson no livro *The Crack-Up*. Malcolm Lowry, escritor inglês que escreveu sua obra-prima, *Under the Volcano*, sobre um cônsul que se destrói bebendo até a morte, refugiou-se, na vida real, numa cabana à beira de um lago, no Canadá, para ver se conseguia escapar da bebida e escrever. Um dia alguém bate na porta: é Dylan Thomas, grande poeta e alcoólatra galês. Os dois devem ter tomado um dos maiores porres da história da literatura. Lá mesmo, o original de um dos livros de Lowry acaba se queimando num incêndio que, além de devorar a obra, destrói a cabana.

Nunca investiguei a veracidade dessas histórias. O que importa é que faziam parte de nossa mitologia. Ou mitolorgia, se me permitem um velho neologismo plagiado de mim mesmo. Os heróis de minha geração eram ainda mais audazes: além do álcool, recorriam a drogas tradicionais ou às recém-inventadas pelos cientistas. Eram doidões, de Rimbaud a Jack Kerouac.

No samba carioca, um dos que menos bebiam era Carlos Cachaça, a despeito do apelido. Conheci Cartola na Mangueira, onde fui entrevistá-lo. Seu vizinho e compadre Carlos Cachaça me contou que algumas vezes mostrava um samba a Cartola. O mestre das rosas escutava com atenção. Ao final da audição, Cachaça perguntava:

— Que tal esse samba, compadre?

— Muito bom — respondia Cartola, com a seriedade habitual.

Cachaça sorria e fazia a revelação:

— É seu, compadre.

Cartola bebera tanto que se esquecera dele.

As relações de afeto dos anos 1960 e 1970 eram turbulentas. Tenho simpatia pelos bêbados, como já demonstrei. Entretanto, todos temos em nossa máquina psíquica um monstro recalcado.

Carlinhos Oliveira não era exceção. Fomos expulsos de alguns bares do Leblon, por comportamento impróprio. Não de minha parte, mero coadjuvante, só tive protagonismo alcoólico para ser convidado a me retirar de um baile de carnaval na adolescência, que me valeu uma espinafração de meu pai, também ébrio, acatada por mim com a culpa ancestral que nos cabe neste mundo.

Nossa expulsão mais épica foi no Festival Internacional da Canção. Carlinhos, sua namorada, Cota, e eu fomos obrigados a pular duas cercas de alumínio para chegar aos nossos assentos no Maracanãzinho. Como nossa aparência era underground — Carlinhos parecia beatnik e eu, hippie de butique, só Cota se parecia com um ser humano normal —, imaginaram que fôssemos penetras. Fomos submetidos à revista. Um segurança achou uma pequena garrafa de uísque na bolsa de Carlinhos. Confiscou-a, era de praxe. O suficiente para despertar a fúria do meu preceptor. A confusão só acabou quando o diretor do Festival, Augusto Marzagão, intercedeu em nosso favor. Mas Carlinhos jamais o perdoou pelo confisco de sua garrafa portátil, a quem ele amava mais do que a própria mãe.

O mais surreal dos episódios beligerantes que presenciei aconteceu no Antonio's. Éramos cinco ou seis sentados à mesa maior da varanda, junto à porta. Paulo Mendes Campos chegou à noitinha, trôpego. Exibia uma melancolia profunda, trazida das montanhas de Minas, onde nós, mineiros, nos dedicamos à triste contemplação do infinito. Sentou-se no extremo da mesa e passou a encarar Carlinhos. Este, até então loquaz e risonho como quase sempre, parou de conversar e passou a encarar Paulinho, com cara de poucos amigos.

A conversa da mesa continuou, mas os dois permaneceram olhos nos olhos, num silêncio agourento. De repente, agarraram copos, garrafas, balde, começaram a atirar tudo o que havia à mão na direção do outro. Ambos tomados de uma ferocidade atroz, como personagens da literatura russa, movidos por um ódio inexplicável aos nossos olhos que assistiam à cena. Após um instante de total perplexidade, todos nos levantamos e os apartamos, embora continuassem a trocar sinais de ódio.

Qual o motivo da rixa permanente, que explodiu por diversas vezes? Eram seres atormentados. Não creio que haja muitos escritores que não o sejam. Uma hipótese, a ser desmentida: Paulo escrevera um clássico da crônica, "O amor acaba". É o relato de uma empregada doméstica que explica ao patrão que, ao contrário da mitologia romântica, as relações amorosas chegam ao fim. Carlinhos, que chegara ao Rio alguns anos mais tarde, escrevera uma réplica cujo título era *O amor não acaba*. Seria essa a razão do conflito?

Todas as arquiteturas da subjetividade, no entanto, seriam postas de lado diante da gravidade das coisas que nos sucederam, como contarei no próximo capítulo.

O maior terrorista do Brasil

No dia 6 de setembro de 1969, Carlinhos Oliveira me telefonou com voz conspiratória. Me pediu que fosse com urgência a seu apartamento, no Condomínio Gaivota, na rua João Lira. Peguei o fusca de minha mãe e fui direto para lá. Ele me esperava à porta, em clima de suspense, ao lado de Cota. Quando perguntei qual era o motivo de seu alvoroço, sussurrou:

— Temos um hóspede aqui em casa.

— Que hóspede? — perguntei.

E ele, solene, como se quebrasse um dos selos do Apocalipse:

— O maior terrorista do Brasil.

Fiquei sobressaltado ao ouvir a revelação, aos 17 anos recém-feitos. Dois dias antes o mundo fora sacudido pela notícia do sequestro do embaixador Charles Burke Elbrick. A ação fora idealizada por um grupo de resistência armada à ditadura brasileira, com a intenção de libertar alguns de seus militantes encarcerados. Um membro do grupo descobrira que o embaixador repetia o mesmo itinerário, todos os dias, a caminho de casa. Seria fácil fazê-lo refém e exigir a libertação dos companheiros presos.

Resultado: o carro de Elbrick foi fechado numa pequena transversal da rua São Clemente, a mesma em que fica a Casa de Rui Barbosa — que, esclareço, não participou da aventura política porque já havia morrido e não tinha afinidade ideológica com a jovem guarda. Os sequestradores deixaram uma carta com suas exigências no Cadillac do embaixador. Em seguida, levaram Elbrick para uma casa na rua Barão de Petrópolis, no Rio Comprido, onde o embaixador americano permaneceria em cativeiro.

Parêntese didático. No final dos anos 1960, o mundo estava pegando fogo. Não só como nos dias de hoje, queimando as florestas do planeta, mas também no sentido metafórico. A palavra revolução, extraída havia alguns séculos do vocabulário da astronomia, estava em todas as bocas. O inconformismo era bandeira dos jovens de todo o mundo. A juventude nunca esteve tão em voga, nem nos *roaring twenties* nem na Revolução Francesa. "Não confie em ninguém com mais de 30 anos", dizia um dos slogans da época. Beatles, Rolling Stones, Jimi Hendrix e seus sucedâneos forneciam o fundo musical. O filósofo alemão Herbert Marcuse, exilado na Califórnia, fornecia a base conceitual.

As forças inovadoras entraram em rota de colisão com os governos conservadores, com grande repercussão na França, nos Estados Unidos e no Brasil. Para que a gravidade do momento seja compreendida, esclareço que vivíamos desde 1964 sob ditadura militar. Desde 13 de dezembro de 1968 havia sido promulgado o Ato Institucional número 5, que extinguiu os direitos democráticos remanescentes. Caetano Veloso e Gilberto Gil foram sequestrados em São Paulo, sem que houvesse acusação formal, e trazidos de camburão para o Rio; depois de semanas encarcerados na Vila Militar, foram convidados a deixar o Brasil, sob ameaça de morte. A imprensa era submetida a censura prévia. Nada podia ser publicado sem o *imprimatur* de um censor de plantão. Outros artistas brasileiros, como Chico Buarque, foram também para o exílio. (Até as letras de música passavam por censura prévia. Eu mesmo tive letras vetadas, e só uma vez consegui enganar o Serviço Nacional de Censura — qualquer dia volto a falar sobre isso.)

Naqueles áureos tempos negros, vivíamos todos em pânico, fossem revolucionários de araque, como era o meu caso, fossem militantes de corpo e alma. O Brasil vivia uma guerra civil não declarada, por trás das trombetas da propaganda do governo. Todos os dias tínhamos notícia de colegas de colégio ou de jornalistas presos e torturados. Pessoas eram arrancadas de suas casas a qualquer pretexto, sem amparo judicial. Qualquer vizinho de mesa podia ser um informante das forças de repressão. "O espião janta conosco", como dizia CDA em poema sobre a atmosfera da ditadura anterior. Parafraseando a abertura de *Anna Kariênina*, de Tolstói, as democracias são felizes cada qual à sua maneira; as ditaduras são infelizes do mesmo jeito.

Os sequestradores de Elbrick, com sua ação-relâmpago, alcançaram seu duplo objetivo: não apenas obrigaram a ditadura a exibir-se como tal ao mundo, com a carta-manifesto da organização publicada nos jornais, como ganharam um refém de peso. Fecho o parêntese.

Por tudo o que foi esclarecido anteriormente, se nosso terrorista era para nós esperança de glória, ele também era uma promessa de martírio. Mesmo sendo jovem, abusado e anticlerical, já me imaginava na situação de são Pedro, crucificado em meio à sanha da multidão da Roma imperial. Ou Giordano Bruno, queimado no Campo dei Fiori por suas ideias extravagantes sobre as revoluções do Sol. O pior é que não havia mais oportunidade de recuar, à maneira de Galileu Galilei, declarando que o Sol gira ao redor da Terra e a Terra é mais plana do que a Baixada Fluminense.

Era preciso resolver a situação do nosso terrorista com a máxima urgência. Uma coisa era certa: não havia como mantê-lo no apartamento do Carlinhos. O *aparelho* (isto é, o apartamento) estava *queimado* (isto é, sob suspeita da polícia), como se dizia no jargão da época. Fernando Gabeira, participante do sequestro, tinha morado no prédio, Condomínio Gaivota. Estávamos provavelmente sob vigilância da polícia e dos serviços de informação da ditadura. Era preciso remover nosso terrorista para outro aparelho, ainda não vigiado pelos agentes da repressão. Mas como fazê-lo ao abrigo dos invisíveis olhos do Big Brother à brasileira?

Modéstia à parte, tive uma das ideias mais cretinas da história do Brasil. Não me lembro se a revelei de imediato, ou se deixei Carlinhos e Cota em suspense, encarregados de guardar o nosso terrorista, enquanto fui tomar as providências. Peguei o carro de mamãe, fui até a Ataulfo de Paiva e, ao cabo de quinze minutos, cheguei de volta trazendo uma dúzia de balões de gás.

Em retrospectiva, a história é tão inverossímil quanto a do naufrágio de Camões, conforme mencionado páginas antes. Que misterioso estado de embriaguez explicará a formulação de tal estratagema e, ainda mais absurdo, sua adoção entusiástica? Não sei. Sei que descemos as escadas do Condomínio Gaivota trazendo o nosso terrorista envolto pelos balões de gás. Quem nos observasse a distância diria que éramos figuras de aparência suspeita, caminhando em proximidade suspeita, com um suspeitíssimo par de pernas sobrando entre nós, mal encobertas pelos balões. Embarcamos nosso terrorista no fusca, ainda com os balões pairando ao redor dele.

O resto da missão era mais fácil. Bastava levar o nosso terrorista até um aparelho mais seguro, na rua Alberto de Campos, muito perto de onde moraria meu futuro amigo João Ubaldo Ribeiro — que, se soubesse da aventura, mesmo que passados trinta anos, ficaria apavorado. Deixamos nosso terrorista em seu novo aparelho, sem novos sobressaltos, e, enfim, respiramos aliviados. Ufa. Não me lembro de outros detalhes, mas aposto que fomos comemorar nosso feito num dos botequins das imediações.

O calvário de nosso terrorista ainda não terminara. Anos mais tarde confirmei que, depois da rua Alberto de Campos, ele fora transferido, por segurança, para o apartamento de Leila Diniz, perto do Jardim de Alah. De lá, foi enxotado pelo namorado dela, César Thedim. Sem abrigo, nosso desafortunado terrorista vagueou pelos arredores como uma alma penada, percebendo-se à mercê de seus perseguidores militares, enquanto Leila protestava:

— Você é um reacionário, César! Esse homem que você expulsou daqui de casa é o maior herói do Brasil!

Para César, esse é que era o problema maior: ele temia que Leila se deixasse fascinar pela aura de heroísmo do nosso terrorista. Entretanto, ficou também culpado de entregar o herói de bandeja para a ditadura. Saiu do apartamento à procura dele, recolheu-o e o levou para a casa de sua mãe, que viajava pela Europa. Nosso terrorista se hospedou na praça Eugênio Jardim, em companhia da ex-mulher, como se fossem um casal em lua de mel. Por fim, conseguiu sair do Brasil clandestinamente. Só voltou dez anos mais tarde, com a promulgação da anistia.

Depois descobri que nosso terrorista não era terrorista. Era repórter fotográfico e dono da Kombi que a organização usara para sequestrar o embaixador. Consta que Fernando Gabeira, seu amigo, pedira emprestado o veículo. Durante a cobertura do sequestro, nosso herói teria descoberto a cilada em que se metera. Que desilusão. Para nós, sequiosos de glória, nosso terrorista era o Robespierre, o Garibaldi da nova geração.

José Carlos Oliveira nunca se conformou com o desfecho meio bufo de nossa participação na epopeia revolucionária. Publicou mais tarde um romance, *Um novo animal na floresta*, no qual descreve o episódio, sem despi-lo de sua aura romântica. Quando perguntou minha opinião a respeito do livro, eu disse o que pensava. Ainda não existia a expressão sincericídio. Era costume, nesse tempo revolucionário, dizer a verdade, nada mais que a verdade, em nome de Marx ou Freud ou Nietzsche ou de outro guru da sua predileção. Declarei que o livro dele tinha falsificado os fatos que havíamos vivido. Ele sentiu-se afrontado, com toda a razão. É raro que se admita que um pupilo diga a verdade ao preceptor. Seu sonho era ser o maior romancista do Brasil. E ali, diante dele, um fedelho lhe cobrava que se ativesse à modalidade inelutável do visível. Tolice juvenil.

Carlinhos ficou com ódio. Me desancou algumas vezes em seu *Diário Selvagem*, publicado postumamente. Como se eu fosse um rival ou inimigo. Não foi privilégio meu: também desancou no livro uma penca de amigos de juventude, como Ferreira Gullar. Não bastasse, fez uma lista daqueles a quem não mais pretendia dirigir a palavra. Felizmente, fizemos as pazes pouco depois, a tempo de que ele resgatasse nossa amizade em seu *Diário*. Mais tarde nos reencontramos por acaso, pouco antes de sua morte, no mesmo Antonio's — que à época, em meados dos anos 1980, já não tinha o esplendor do passado.

A despeito de tudo, José Carlos Oliveira jamais deixará de ser um dos heróis do meu panteão. Que os deuses o conservem na memória deste país pitoresco e extravagante, cujo nome começa com a letra b, de bye-bye.

Allegro em sol maior

Por influência do Ronnie Porrada, me matriculei como aprendiz em uma das organizações clandestinas da esquerda brasileira. Confesso que o gesto não foi apenas por desejo de lutar pela libertação do Brasil, nem porque reunisse em mim qualidades imprescindíveis de um revolucionário. Nada disso. Só permaneci por algum tempo na organização por conta de nossa monitora, codinome Helena. Ela parecia a Vênus de Milo, e ainda por cima tinha os dois bracinhos. Além de lembrar as modelos clássicas, minha chefe era moderna como uma personagem recém-saída das histórias de Guido Crepax. A leitura de seus encantos era comparável à da versão da *Justine*, de Sade, que Crepax traduziu para os quadrinhos, fazendo do martírio erótico da heroína motivo para que o leitor, mesmo que lhe fosse empático, extraísse prazer.

Sempre que marcava encontro com Helena, eu me lembrava da personagem Eugénie, de *La Philosophie dans le Boudoir*. Não esclareço as analogias entre a militância política e a erótica, para que meu relato não seja estigmatizado. Adianto que a codinome Helena me contemplava com favores e gestos cheios de promessas, embora eu não passasse de um semiadolescente sonhador.

Ó céus, aquela atmosfera de revolução e romance era embriagante! Arrebatados, a codinome Helena e eu tivemos dois ou três encontros fora do expediente revolucionário, nos quais, a pretexto de trocar informações sobre nosso horizonte político, trocamos confissões existenciais e beijos na praia, em frente à praça General Osório, perto de onde morava... adivinhe quem? Drummond. Tempos mais tarde um amigo, cujo nome se tornará frequente neste relato, me convidou para seguir o poeta em suas perambulações matinais pela praça — segundo esse amigo, o poeta fazia o passeio para admirar as moças que passavam, sobretudo as bundudas, pois, como se comprova em seu livro póstumo *O amor natural*, o poeta tinha um fraco pelo *derrière*.

Já me supunha ser um projeto de escritor e intelectual. Tencionava abandonar o estudo das ciências exatas, já que o mundo me parecia demasiado inexato. Camões ainda não me havia ensinado a enxergar o seu constante desconcerto. Desconcerto esse que, no meu caso, só se poderia expressar pelas palavras. Verdade que eu mantinha um pé na música. Meu parceiro Eduardo Souto Neto é tão generoso que me incentivou a fazer algumas orquestrações, que escrevi para músicas de Danilo Caymmi, Milton Nascimento e Vitor Martins, com a ajuda do *Tratado de orquestração de Rimsky-Korsakov*.

Prestes a me aposentar das atividades de musicista, no entanto, conheci Antonio Carlos Jobim. Foi Carlinhos Oliveira quem me apresentou ao Tom, no Antonio's. Seu álbum *The Composer of Desafinado, Plays* talvez tenha sido o disco mais tocado lá em casa. Todos tínhamos admiração por sua arquitetura minimalista, as harmonias apolíneas, a batida dionisíaca lá longe, criando o assoalho para algumas das maiores canções do século XX. Tom percebeu que eu tinha dedos longos. Perguntou se já havia estudado piano. Assenti. Ele afirmou que eu seria capaz de tocar intervalos de nonas e décimas. Me convidou para participar de sua futura banda. Fiquei lisonjeado, mas expliquei que não tinha competência. Em vão. A gentileza do Tom era tamanha que fez com que eu voltasse às batucadas pianísticas do passado. (Outro dia meu parceiro Danilo Caymmi — que tocou durante anos na Banda Nova do Tom — me elogiou por ter executado ao piano uma partitura complicada num filme dessa época. Sustentei que quem tinha tocado fora o próprio Tom. Danilo custou a se convencer: contou que meu nome estava nos créditos. Vou passar a fingir que isso de fato aconteceu.)

Passei a frequentar a casa de Teresa e Antonio Carlos Jobim, na rua Codajás. Um casarão arquitetonicamente confuso, mas adorável. De vigia, um cão policial gigantesco, Sherlock. Os cães em geral não gostam de mim; Sherlock era simpático. Dava dois latidos protocolares e sossegava. Fiquei aterrorizado a primeira vez que almocei com a família e descobri que o mastim não tinha coleira. Apesar disso, era uma excelente pessoa.

Tornei-me amigo de Paulo Jobim, com quem passei a frequentar o cursinho para o vestibular de arquitetura, em Copacabana. O caminho era pretexto para ir à casa de Stella e Dorival Caymmi, na rua Bulhões de Carvalho, onde visitávamos Danilo, dois ou três anos mais velho. Ele já era engraçadíssimo — segundo ele, por influência das rádios que escutava em suas viagens à Bahia, mas era um comediante nato. Às vezes ele enrolava uma toalha de banho no pescoço, à guisa de capa, e se transmudava no Super Targar, herói que viera ao mundo cometer proezas rocambolescas. A essa altura, já havia composto a música "Andança", campeã moral de um dos primeiros Festivais Internacionais da Canção.

No princípio de 1970, Tom foi para os Estados Unidos para gravar seu álbum *Stone Flower*. Pouco antes de sua partida havíamos formado a nossa banda, em torno de Piry Reis, meu parceiro. Danilo e Paulinho nas flautas, Piry no violão e eu no piano. Edipiano, como o Tom gostava de trocadilhar. Nossa banda assumiu vários nomes. O mais recorrente foi o Poder Assolador da Lapa. P.A.L., para os íntimos. Para evitar mal-entendidos, esclareço que a Lapa em questão nada tinha a ver com o antigo bairro boêmio do Centro do Rio, onde brilharam tantas estrelas da cultura brasileira, era extraído de uma misteriosa expressão baiana, cujo significado não me atrevo a investigar. O P.A.L. fazia parte de um movimento mais amplo, de grandes pretensões culturais, chamado Compositores Universitários, ou C.U., no qual o P.A.L. se inseria. Tive oportunidade de escrever o manifesto do C.U., cuja vocação democrática transparece já no parágrafo inicial: "O C.U. está aberto a todas as tendências."

Ao partir para os Estados Unidos, Tom deixou uma advertência: não deveríamos beber as duas caixas de Johnny Walker Black que ele guardara em seu estúdio. Não por avareza dele, mas porque a safra era *made in Paraguai*. Esclareço que, naquele tempo, não era possível adquirir uísque legítimo, da Escócia ou de suas sucursais, nem existia o scotch engarrafado no Brasil. Podia-se beber o uísque nacional Drury's — responsável pelo único slogan publicitário que tive a impressão de lançar: "É Drury's na queda" — ou se podia recorrer aos contrabandistas, que vendiam uísque "batizado". Desprezando a advertência, bebemos as duas caixas em menos de uma semana. Sofremos ressacas irremediáveis. Experimento até hoje suas sequelas psíquicas e intelectuais.

A despeito disso, nossa banda durou pelo menos um ano. Fizemos um disco protagonizado por Piry Reis, chamado *Vocês querem mate?*. Até hoje não compreendi o significado do título. Gravamos no estúdio da Odeon, na avenida Rio Branco. O produtor, Roberto Quartin, fez com que nosso quarteto posasse desnudo para a capa, dentro de uma carrocinha de lixo, o que poupava esforço a nossos detratores.

Nossa banda era muito unida, carne e unha. Na Copa de 1970, por exemplo, resolvemos torcer contra a Seleção Brasileira, que, como dizia Nelson Rodrigues, era a pátria em chuteiras. Mobilizados para combater a propaganda do Brasil Grande, apregoada pela ditadura, reunimo-nos para assistir à primeira partida da Seleção, no apartamento dos Caymmis, a convite de Danilo. Como só havia um aparelho de TV na casa, no quarto do casal — que estava passando uma temporada na Bahia —, nos amontoamos na cama que havia diante da telinha, em companhia de nossas namoradas.

O tcheco Ladislav Petráš fez o primeiro gol contra o Brasil, no início do primeiro tempo. Nossa comemoração foi sóbria. Vitória da razão sobre a emoção. Era importante que um país socialista como a Tchecoslováquia, em que o esporte era uma atividade supostamente amadorística, vencesse a nossa superpotência do futebol, que à época encarnava o autoritarismo e a violência. Quando Rivellino fez o primeiro gol do Brasil, porém, foi difícil conter a nossa torcida secreta pelo escrete canarinho. Quando Pelé marcou o segundo, lá pelos quinze do segundo tempo, esquecemos o compromisso revolucionário: pulamos tanto que quebramos a cama de Stella e Dorival Caymmi.

Parêntese. Também por causa da ditadura cometi um crime de lesa-música. A primeira vez que vi Antonio Carlos Jobim em pessoa foi em 1968, no Maracanãzinho. Era a noite da finalíssima da parte nacional do Festival Internacional da Canção. Todos lembramos de Tom descendo a passarela de fórmica do cenário, proclamado vitorioso pela música "Sabiá", composta em parceria com Chico Buarque.

Seria de esperar uma consagração. Afinal, Tom e Chico são dois dos maiores craques de nossa música popular. Não bastasse, a letra de "Sabiá" evocava a "Canção do exílio", pedra fundamental da poesia romântica, reinventada por Chico, então exilado em Roma. A canção expressava não apenas a dor do momento, mas a esperança de tempos mais amáveis.

No entanto, quase todos nós, os jovens da plateia, vaiávamos "Sabiá" e o próprio Tom com ferocidade, como se malhássemos Judas em Sábado de Aleluia. Queríamos que o vencedor fosse Geraldo Vandré, com "Pra não dizer que não falei de flores", espécie de hino contra a ditadura.

Aliás, a própria ditadura aproveitaria o episódio como um dos pretextos para suspender os últimos direitos civis ainda em vigor.

Para aumentar a culpa, eu já sabia que Tom havia conduzido nossa música popular para novo patamar, entre acordes do jazz e harmonias de Claude Debussy e Maurice Ravel, tendo ao fundo a batida do tamborim reformatada por João Gilberto. Por alguns momentos de paixão política, esquecemos que Tom inventara a nova música brasileira. E nós, a multidão ululante, vaiamos aquele criador monumental. Revelou-se a nossa enorme ingratidão. Quem poderia explicar esse absurdo? Talvez o próprio Tom, que costumava dizer: no Brasil, o sucesso é uma ofensa pessoal. Fecha o parêntese.

Entre as muitas estrelas do Antonio's, creio que o Tom era a maior. Era uma festa quando ele aparecia no meio da tarde, em seu fusca azul — ou, mais tarde, no Dodge Dart branco —, para conversar com os poucos militantes do ócio já instalados no bar. José Carlos Oliveira, todos os dias. Paulo Mendes Campos, à tardinha, quase sempre. Vinicius de Moraes e Chico Buarque, de vez em quando. O adorável Otto Lara Resende, muitas vezes. As estrelas da TV, do jornalismo, da literatura.

Quando alguém bebia demais, Tom fazia de seu carro ambulância e levava o amigo para casa, a pretexto de ir embora. Eu próprio, durante uma tragédia pessoal, em que pela primeira vez me deparei de perto com a finitude, fui um dos beneficiários dessa inclinação angelical. Eu havia assistido à morte de uma adolescente, num acidente de carro. Quando cheguei ao hospital, em busca de socorro, o médico me exibiu o polegar voltado para o chão: a moça não resistira.

Passei dois dias deprimido, deitado no sofá. No terceiro, fui suspirar Leblon afora. Sem me dar conta, cheguei ao Antonio's. Lá estava o Tom. Trocamos meia dúzia de palavras. Quando ele me percebeu tomado de profunda melancolia, disse: "É hora de músico ir pra casa." E me levou em seu carro até o edifício onde morava. Desassossegado, voltei a caminhar pela avenida e, ao chegar à esquina da rua Bartolomeu Mitre, vi que o carro dele estava de novo lá. Acontecera o mesmo com outros amigos nossos. Não era raro que, depois de fazer o serviço de anjo, o Tom voltasse ao bar para tomar o penúltimo.

Me lembro de reencontrá-lo no Antonio's, meses depois. Como éramos encantados por Guimarães Rosa, e eu estava em êxtase com a leitura do *Grande Sertão*, declarei que não devia haver palavra mais rica de sinônimos do que o diabo, ainda mais depois que o Guimarães tinha inventariado seus nomes na fala do ex-jagunço Riobaldo, antes que este chegasse à conclusão de que "o diabo não existe: existe é homem humano, travessia".

Tom concordou que os nomes do diabo eram abundantes, mas defendeu a tese de que, comparada com a variedade de vocábulos com que é designado o órgão genital masculino, essa quantidade era pinto. E me desafiou para um confronto em que listaríamos sinônimos de uns e outros. Quarenta minutos depois, eu tinha vinte e poucos nomes do Capiroto, Cujo, Cão, Coisa-ruim etc. E o Tom havia chegado a cinquenta e cinco, entre os quais peru, piroca, pífaro leiteiro, marzapo — o último, se não me falha Mnemosine, o favorito do poeta Manoel Maria du Bocage. Vitória do Tom, por nocaute. Ele era tão gentil que me contou que já havia feito torneios semelhantes. Estava treinadíssimo.

Foram muitos os nossos encontros inesquecíveis. Em 1977, na casa da Miúcha, rua Prudente de Moraes, Tom me comunicou que pretendia gravar um chorinho, cuja letra eu havia escrito para Eduardo Souto Neto. Me baixou um acesso de sinceridade: "Adoraria que você gravasse o choro, Tom, mas o Vinicius já gravou, faz dois anos, num disco dele e do Toquinho." Em resposta, Tom suspirou, amparou teatralmente uma das mãos sobre a mesa da sala e, simulando tristeza, declarou: "Tudo o que eu quero fazer o Vinicius já fez..." Em seguida sorriu: "Vou gravar o chorinho assim mesmo."

Estive inúmeras vezes com o Tom. Por acaso ou não. Na casa dele, no Antonio's, no Chiko's Bar — nesse último, especialmente no período em que ele fazia show no Canecão, com Vinicius, Toquinho e Miúcha. O lugar mais estranho em que nos encontramos foi o Palácio Bandeirantes, em 1988, onde fomos receber um prêmio. (Aliás, considerando-me um *enfant* mais ou menos *terrible*, a *Folha de S. Paulo* me escalou para recusar o troféu, que seria entregue pelo governador de São Paulo, cujo nome não vou mencionar aqui, porque, como aprendi no futuro, não se deve perpetuar a memória dos vigaristas. Retruquei ao jornalista da *Folha* que era prêmio em dinheiro, e um pobre escritor brasileiro, como era meu caso, não podia dar-se ao luxo de desprezar o leite das crianças.) Tom e eu aproveitamos o encontro acidental para encher a cara em companhia de minhas primas Teresa e Xili, no bar do hotel Maksoud, onde a produção do evento nos hospedou. Foi um porre adorável.

Até no restaurante Real Astória o encontrei certa noite, sozinho. Eu tinha um encontro de trabalho com Carlos Augusto Calil, então diretor da Embrafilme. Cheguei antes da hora. Tom me chamou para sentar à sua mesa. Calil chegou e ficou encantado de conhecê-lo. Em vez de falarmos de trabalho, Tom engrenou um papo filológico sobre a língua inglesa, na qual já havia escrito versos como *"sad is to live in solitude"*. Segundo a tese dele, o inglês é uma língua neolatina cheia de monossílabos druidas. E dava exemplos engraçados e engenhosíssimos para defender sua teoria.

Nunca o vi dizer uma palavra rude. Sua ironia, no entanto, parecia astúcia de mineiro ou de irlandês. No Plataforma, que foi seu último restaurante-base, certa vez o ouvi dizer, a propósito de um diretor teatral metido a besta, que se julgava o maior artista do mundo ocidental: "Esse sujeito gosta tanto de si que até a autocrítica dele é a favor."

Passei a vida acumulando palavras para nova rodada do concurso de filologia de botequim. Quem me deu esperanças de enfrentar de novo o Tom foi o filólogo Eric Partridge, especialista em Shakespeare. Segundo ele, o bardo inglês cita em sua obra trinta e tantos nomes do órgão genital masculino, contra sessenta e oito da genitália feminina. Entre os quais Espanha — indisfarçável sinal de anglocentrismo: o inglês olha pra baixo e vê a Espanha — e *low countries*, países baixos, igualzinho ao português. Cheguei a decorar detalhes sobre a entrada dessas palavras na nossa língua, e vice-versa, com duplo sentido. Mas não deu tempo: o Tom nos abandonou antes que eu pudesse lhe propor uma revanche.

A CAUSA SECRETA

Houve outra razão para que eu deixasse de importunar a música: a chegada ao Rio de Egberto Gismonti, em 1968. Ele apareceu lá em casa, trazido pela namorada, Dulce Nunes, ex-mulher de Bené Nunes, pianista favorito de JK. Ficamos deslumbrados: ele tocava tanto violão quanto Baden Powell, tanto piano quanto Luiz Eça. Aliás, tanto Baden como Luiz Eça tornaram-se seus amigos instantaneamente. Os três tinham em comum o talento gozoso da música.

Ao conhecê-lo, tomado de admiração, percebi que jamais alcançaria a capacidade de tocar violão como ele, não apenas de forma ortodoxa e previsível, mas fazendo dele o instrumento percussivo que é. Piano? Nem pensar. O conhecimento de Egberto era de outra galáxia, assim como sua capacidade de compreender música. Diante de sua explosão aos 21 anos, eu, músico medíocre de 16, percebi que só me restava migrar em busca de novos horizontes.

A admiração por E. G. foi uma das causas secretas para que eu participasse da vaia a Antonio Carlos Jobim no Festival Internacional da Canção, do qual Egberto participara com "O sonho", sendo esse o motivo de minha torcida contra todos os outros, exceto contra a revolução encarnada pela canção de Vandré. Depois do Festival, Egberto e Dulce foram para a Europa, onde ele se tornou *chef d'orchestre* da atriz e cantora Marie Laforêt e teve aulas com Nadia Boulanger, a mentora intelectual de Michel Legrand e Astor Piazzolla, entre tantos craques do século XX. Egberto se tornaria meu parceiro em cerca de cinquenta canções. Mas isto ainda pertencia ao futuro.

Talvez o inconsciente também me tenha feito apagar da memória uma desventura ocorrida na época. O episódio foi tão pouco edificante que não me atrevo a relatá-lo aqui. Só revelo que em seu desfecho fui jurado de morte por um noivo furioso e, temendo que ele consumasse a sinistra promessa, me refugiei em Rio das Ostras, em companhia de meu amigo Daniel. Antes da fuga, contei com a solidariedade de meu irmão: quando enxergávamos o carro do noivo diante da janela de nosso apartamento, durante a madrugada, empunhávamos porretes à espera da invasão dos bárbaros. Que, felizmente, não aconteceu.

Na virada dos anos 1970, desisti da arquitetura e fiz vestibular para filosofia, na Universidade Federal do Rio de Janeiro, por influência de minha então namorada, C. Para minha estupefação, passei em sexto lugar, sem estudar coisa alguma. Pensei com meus botões: há alguma coisa errada.

Havia mesmo. A faculdade tinha sido sabotada, quase destruída pela ditadura militar. Os professores, em grande parte, demitidos ou postos em disponibilidade, por serem considerados subversivos. Os únicos que de fato davam aulas eram Paulo Alcoforado, professor de lógica, e Emanuel Carneiro Leão. Esse último, ex-aluno de Heidegger, era uma enciclopédia. Quando faltava professor, de história da filosofia ou qualquer matéria, ele nos ensinava de tudo um pouco, e de nada um muito, como competia a um *maître à penser* do século XX. Ele nos ensinou, por exemplo, como os comerciantes da aurora dos tempos inventaram os primeiros algarismos e os rudimentos da aritmética. Imagine só a nossa fascinação! Hoje qualquer debiloide acha arqueologias semelhantes na internet. No início dos anos 1970, era como se estivéssemos na Academia de Platão.

Minha relação intelectual com C. era esplêndida. Íamos ao cinema assistir aos filmes de arte, líamos os livros antigos e novos. Fomos assistir à *Tem banana na banda*, uma versão pós-tudo do Teatro de Revista. Leila Diniz, a protagonista do espetáculo, que eu havia conhecido na casa de Carlinhos Oliveira, me escolheu para vítima de seu número de plateia: sentou-se no meu colo, para espanto meu e de C.

Na área sexual, porém, tínhamos problemas técnicos. Éramos dois adolescentes com escassa fonte de renda, não tínhamos dinheiro pra ir ao motel. Quando arranjávamos grana para tanto, era um desacerto. Ainda não tinham inventado a garagem individual, onde as meninas e também nós pudéssemos desembarcar a salvo dos olhares dos outros. Até as mais moderninhas tinham vergonha de serem vistas em tal circunstância por conhecidos, ou quem sabe por parentes. Por esse motivo, preciso fazer aqui uma pequena digressão.

Arte de amar (num fusca)

A leitora e o leitor cultivados devem ter lido ou ouvido falar do livro *A arte de amar*, do poeta Ovídio, muito chupado no Renascimento. Chupado no sentido de parafraseado, *honi soit qui mal y pense*. Segundo os fofoqueiros, a expressão tornou-se lema da Inglaterra, quando um dos monarcas Henriques ou Eduardos a proclamou, no instante em que foi apanhado em flagrante pela corte ao retirar as ligas de uma cortesã.

O livro de Ovídio é bonito, mas, cá entre nós, prescreve vigarices. Faz o elogio das falsas promessas de amor. Defende o uso de artifícios teatrais, lágrimas e toda sorte de encenações para comover o próximo — ou, no caso, a próxima. Defende a invocação dos deuses como testemunhas de nosso falso amor. Só falta fazer o elogio do transformismo de Zeus, que se transfigurava para conquistar as deusas pedestres do seu tempo. Ovídio, felizmente, não conhecia os problemas da *ars amatoria* dentro de um fusca, ainda que provavelmente soubesse transar a bordo de uma liteira a dez quilômetros por hora.

Até Ovídio teria dificuldade para se adaptar àquele espaço estreito e atravancado. Enumero os percalços: primeiro, há que haver total consenso. O fusca não se presta a debates filosóficos tipo penso, logo existo, ou se a essência precede a existência. É preciso tomar decisões radicais: recua-se completamente o banco, ou será melhor trazê-lo todo para a frente, para aproveitar o banco de trás?

Como todos sabem, um dos esportes mais comuns dos anos 1970 era a corrida de submarinos. A prática constituía em estacionar o carro diante do mar, de preferência em lugar onde houvesse outros, para evitar que um malfeitor se aproveitasse do ensejo para praticar um assalto, ou até pretendesse participar da experiência, temor esse difundido por diversas anedotas. A Segunda Guerra Mundial acabara havia mais de vinte anos, era improvável que houvesse uma nave remanescente dela, ainda perdida nas águas do Atlântico Sul.

Nossas aventuras em busca dos novos *Nautilus*, entretanto, não se restringiam à beira-mar. Íamos à Floresta da Tijuca, com seus mil recantos para namorar. Meu favorito era o Lago das Fadas, uma lâmina d'água da qual emergiam três palmeiras, provável capricho paisagístico da turma do barão de Taunay, delírio digno de carnavalesco de escola de samba. O lago só tinha o defeito de ser demasiado deserto, portanto oportuno para se "levar uma geral" da polícia ou dos bandidos. Outro cenário simpático era o estacionamento em frente à Cascatinha, que nos fins de semana se enchia de namorados. Certa vez, por incompetência — talvez provocada pela sofreguidão do encontro —, as rodas dianteiras do fusca de minha mãe deslizaram e caíram no barranco em frente. Precisei da boa vontade dos motoristas vizinhos, membros da confraria dos amantes sem teto, que me ajudaram a içá-lo de lá.

Não vou relatar em minúcias os meus desacertos automobilísticos do final da década de 1960 para que os leitores não se compadeçam de mim. Tampouco contarei o episódio lamentável que me aconteceu na cidade de Macaé, em que minha aventura romântica não se consumou por culpa de um irresponsável locutor de rádio que atribuiu a autoria de uma música minha a terceiros, em plena corrida de submarinos, o que acabou com meu prestígio angariado com uma nativa. Chega de fracassos.

Refúgio dos desesperados de Espanha

Sempre que me via em sinuca semelhante, sem abrigo para meus raros encontros amorosos, recorria ao meu amigo Alberto Reis, arquiteto, que tinha um depósito de móveis na avenida Niemeyer, 500, encarapitado nas escarpas. Nas horas vagas e noturnas, esse lugar se transformava em *garçonnière*, frequentada por nós, os numerosos amigos do proprietário. Subia-se a ladeira sinuosa, verdadeiro purgatório automobilístico, até que se chegasse ao local do crime — veja como esta narrativa ainda guarda as últimas fumaças e recalques da época. À chegada, o derradeiro obstáculo, um cachorro apelidado com o nome do morador da casa vizinha. Digamos que se chamava Sputnik. Era preciso sair do carro e gritar com veemência seu nome: "Sputnik!" Caso contrário, o mencionado mastim prorrompia em latidos terrificantes. Quem passasse por Sputnik, chegava a Pasárgada, Shangrilá, Xanadu.

Aqui preciso relatar um problema que talvez me deprecie de modo definitivo aos seus olhos, caros leitora e leitor. Tenho medo de cachorro. Pavor. Sei como se manifesta quimicamente o fenômeno, e sempre tentei controlá-lo. A despeito disso, já me vi coagido a fugir de diversas raças caninas, de boxer a lulu-da-pomerânia. No caso do Sputnik, fiquei muitas vezes trancado às portas do paraíso, sem coragem para entrar.

C. e eu ainda não havíamos completado a mutação modernizante. Ela não era uma Simone de Beauvoir, que dava aulas no Liceu e namorava Sartre, ambos praticando um sistema moderníssimo de rodízio sentimental, segundo os biógrafos. Eu não era Sartre nem aqui nem em Cascadura. Não tinha base filosófica para tamanha metamorfose. Se caísse na besteira de propor qualquer exercício semelhante, C. exigiria reciprocidade. E eu era subdesenvolvido em todos os sentidos.

Certa vez, em meados dos anos 1970, me ocorreu uma ideia brilhante. Entramos no fusca de minha mãe e fomos até o alto da rua Igarapava, onde havia um *cul-de-sac*, como dizem os franceses, ou *dead end*, como dizem os ingleses. Trocando em miúdos, uma rua sem saída. Imaginei que, naquele lugar escassamente habitado, C. e eu poderíamos dar vazão à nossa energia libidinal. Quando já estávamos nos desnudando, porém, vimos dois faróis ameaçadores que se aproximaram de nós. Era um camburão da PM.

— Documentos! — disse o sargento que comandava a viatura.

C. era baixinha, tinha cara de criança. Os PMs supuseram que eu era um malfeitor que me aproveitara da ingenuidade de uma adolescente. Quando C. lhes entregou a carteira de identidade, foi uma decepção: tinha 18 anos. Mostrei a minha em seguida: eu era alguns meses mais novo. Ao constatarem minha idade, ocorreu-lhes outra cartada:

— Carteira de motorista!

— Não tenho — respondi.

— Então tá preso.

— Por quê? — perguntei, em pânico.

— Por dirigir sem habilitação.

Naqueles áureos tempos negros, qualquer contato com a polícia era temível. Eles tinham o que se chamaria hoje de "excludente de ilicitude", que lhes fora outorgado informalmente pela ditadura. Podiam exterminar qualquer pessoa, sobretudo os jovens, e atribuir o sumiço à militância política contra o governo. Felizmente, os meus PMs não tinham ideologia, só queriam dinheiro. Ocorreu-me um argumento:

— Não fui eu que dirigi o carro.

Os PMs se entreolharam. O sargento, incrédulo, me perguntou:

— Quem trouxe o carro até aqui?

— Minha mãe — respondi.

Os PMs trocaram olhares de ironia. O sargento voltou à carga:

— Então vamos à casa da sua mãe.

Embarcamos no camburão, C. e eu, e descemos a rua Igarapava. Chegamos ao edifício número 59, onde morávamos. Subimos o elevador em silêncio, em companhia do sargento e de um de seus comandados. Mamãe, aturdida, veio atender à porta, prevenida que fora de nossa chegada pelo Cícero, nosso porteiro. O sargento iniciou as negociações:

— Boa noite, minha senhora. Esse rapaz, seu filho, foi apanhado por nós sem parte da roupa, ao lado desta jovem.

Minha mãe disse qualquer frase protocolar:

— Sim, senhor? E daí?

De olho na recompensa, o sargento continuou:

— Seu filho estava ao volante, mas alegou que foi a senhora quem levou o carro até o beco sem saída aqui em cima de sua rua. O que a senhora tem a dizer?

Mamãe nem pestanejou:

— Fui eu, sim.

O sargento ficou pasmo. Fez uma pausa. Insistiu:

— A senhora levou o carro até o beco sem saída?

— Sim, senhor. Fui eu.

O sargento enfiou a viola no saco:

— A senhora me desculpe. Boa noite.

BREVE PAUSA PARA UM LONGO ADEUS

Minha mãe tinha o dom de compreender as pessoas. Misturava em doses iguais a empatia e a delicadeza. Compreendia até a mim, que era incompreensível. Quando eu expressava ideias radicais, me aconselhava com palavras semelhantes às da poesia: "Carlos, sossegue, o amor / é isso que você está vendo: / hoje beija, amanhã não beija, / depois de amanhã é domingo / e segunda-feira ninguém sabe / o que será." Adivinhe de quem é o poema?

Quando papai morreu, mamãe esperou que se completasse um ano e teve um câncer sem origem determinada, típico da arte de perder. Hélio Pellegrino costumava dizer que o câncer é a tristeza das células. Mamãe custou a perceber que havia motivos para permanecer viva — os filhos, os netos, os amigos — e, no meio do caminho, desistiu de morrer. Mas já era tarde.

Tive a sorte de visitá-la todos os dias durante o último ano de sua vida. Recorri a tudo quanto foi médico e curandeiro do Brasil em busca de paliativos. Em vão. Sua amiga Joan passava todas as tardes com ela. Uma semana antes de sua morte, mamãe perdeu a consciência. Conversei com Joan no saguão da clínica, a mesma em que havia internado meu pai. Agradeci sua amizade e a constância do seu afeto. Supunha que ela deixaria de visitar a amiga com quem não poderia mais trocar uma única palavra. Ela respondeu com o cenho franzido, quase indignada comigo, com seu sotaque londrino.

— Não, eu vou ficar ao lado de Dulce!

Joan ficou ao lado dela até o fim.

Quinze dias após a morte de mamãe, sonhei que ia a uma festa no Palácio do Catete, a essa altura já transformado em museu e centro cultural. Peguei o elevador do saguão e fui conduzido até o quarto andar, embora o edifício tivesse apenas dois pavimentos. A porta desse andar imaginário se abriu. Nele havia uma festa, não sei a propósito de quê, uma celebração cheia de pessoas que me eram familiares, embora eu não visse seus rostos. No fundo da sala, uma das pessoas se voltou para mim e sorriu. Foi a última vez que vi minha mãe.

PÁTRIA ARMADA

Em 1971, Egberto voltou ao Brasil. Ouviu as canções que Piry Reis e eu havíamos feito. Gostou. Me encomendou letras para dois de seus estudos para piano. A primeira chamei de "Água e vinho", a história de uma moça que se desvencilha de sua formação religiosa e decide entregar-se ao amor. Participamos com essa canção do show de estreia de uma série chamada Disco de Bolso, criada por Sérgio Ricardo em parceria com *O Pasquim*. Tom Jobim ouviu a canção e nos disse: "É bonita, mas é muito triste." Era mesmo. A segunda canção se chamou "Ano zero", inspirada no pai de Jesus Cristo, pouco depois de receber a notícia de que sua esposa, Maria, havia sido engravidada pelo Espírito Santo:

José despertou com a noite e o nada
Apenas uma mulher junto à mesa de jantar
O que fazer, José?
É hora de partir na escuridão
É hora de fugir como os ratos fogem do chão (...)

Começamos a escrever canções, muitas gravadas em seu disco *Água e vinho*, lançado no ano seguinte. Egberto me convidou também para ser o produtor artístico do álbum. Aceitei entusiasmado. Ainda não sabia quais as atribuições da profissão, cujo principal encargo é descobrir os defeitos

— os ruídos, desafinações etc. O produtor é uma espécie de superego, aponta os erros, é obrigado a criticar. Em suma, um chato.

Nos anos seguintes, faríamos canções para o cinema, teatro, balé, discos infantis e, sobretudo, para nós mesmos. É difícil descrever a alegria de arrematar uma música. Entre elas me lembro particularmente de uma letra triste, que falava de separação. Chamava-se "Mais clara, mais crua". Quando Egberto me mostrou a música que havia feito sobre as palavras, a emoção foi tão grande que ficamos algum tempo de costas um para o outro, diante do piano. Olivia Byington a gravaria pela primeira vez. E mais tarde Egberto a regravaria diversas vezes com o título de "Palhaço".

Antes que fôssemos pela primeira vez para o estúdio da gravadora Odeon, diante do antigo Palácio Monroe, na avenida Rio Branco, a ditadura bateu na nossa porta. Estávamos terminando uma de nossas canções quando soou a campainha do apartamento de Egberto e Dulce, na avenida Padre Leonel Franca, entre o Leblon e a Gávea. Ele foi atender: eram dois homens mal-encaradíssimos, de terno preto, com toda a pinta de agentes da repressão:

— O senhor é... Egberto Gismonti?

— Sou eu. Por quê?

— Queira nos acompanhar.

Ele ficou branco feito cera, mas manteve o sangue-frio. Veio até a sala recolher a carteira e alguns documentos para ir até o Departamento de Ordem Política e Social, mais conhecido pelas temíveis iniciais, Dops, uma versão tropical da

Gestapo. Ofereci-me para acompanhá-lo. Ele disse que não era preciso. Assim que saiu de casa, escoltado pelos agentes policiais, desci correndo pela escada de serviço, em dúvida se devia insistir. Deu tempo para ver meu parceiro diante do edifício, embarcando num carro da polícia.

Um parêntese explicativo: nós, compositores, tínhamos conspirado em segredo para denunciar ao mundo a ditadura brasileira e a censura às artes. Tínhamos uma bela carta na manga: nesse ano de 1971, o Festival Internacional da Canção havia convidado alguns craques da MPB para melhorar o nível da competição. Da lista elaborada por críticos de música faziam parte: Vinicius, Chico, Caetano, Gil, Paulinho da Viola, Milton Nascimento, Edu Lobo, Sérgio Ricardo, Marcos Valle, o próprio Egberto, num total de doze convidados. Adivinhe quem encabeçava o manifesto que escrevemos contra a ditadura? Antonio Carlos Jobim. Como explicar que Tom, linchado pelas vaias três anos antes, tenha aceitado encabeçar uma aventura assim? Sinceramente, não sei.

Havia também os concorrentes selecionados pelo júri. Entre eles Gonzaguinha, João Bosco, Aldir Blanc, Ivan Lins, Vitor Martins, Tavito, Zé Rodrix, talvez Jards Macalé e Capinam, e, *last but not least*, Eduardo Souto Neto e eu, caçula da galera, aos 18. Organizar o movimento clandestino foi uma pedreira. Me lembro de ir à festa de casamento de Lucinha e Ivan Lins para colher assinaturas, em companhia de Vitor Martins e Aldir Blanc. O anfitrião, Ivan, assinou com entusiasmo. Mas havia um colega nosso louco para se esquivar do manifesto, porque tinha apanhado da PM no diretório de sua faculdade. E eu, com ar de agente secreto do Politburo, queria coagir o cidadão a assinar o documento.

Nossa ideia era retirar todas as nossas canções do Festival, assim que divulgada a lista dos classificados. O vácuo dessa ausência, tanto dos convidados quanto dos classificados, obrigaria os países participantes a divulgar ao mundo nosso protesto contra a ditadura.

Só que havia um judas entre nós. Nossa conspiração foi descoberta. Deu ruim. Os compositores convidados foram levados à sede do Dops, na rua da Relação, onde haviam sido torturados muitos dos militantes da resistência à ditadura.

Também foi lá que Olga Benário, mulher de Luís Carlos Prestes, ficou presa antes de ser entregue pela ditadura de Vargas às autoridades nazistas, que a deportaram e a executaram no campo de extermínio de Bernburg.

Tom Jobim me contaria mais tarde que fora conduzido até a Lapa por um camburão, levando à guisa de arma uma flauta em sol comprada recentemente em viagem aos Estados Unidos. Tom chegara ao Dops mais cedo que os demais e, já que não havia o que dizer a seus sinistros anfitriões, passou algum tempo tocando para sua improvável plateia. Imagine: um dos dois maiores nomes da música popular do século XX, segundo o historiador Eric Hobsbawm, fez um concerto privado para uma audiência cujo ofício era prender, bater e torturar.

Enquanto isso nós, os selecionados pelo júri, fomos intimados a comparecer ao Hotel Glória, a sede do Festival. Fomos reunidos numa antessala, à espera das autoridades da Censura e do Dops. Me lembro de encontrar, entre as almofadas do sofá em que havia me sentado, duas balas de revólver, provavelmente caídas da cartucheira dos agentes que se sentavam perto de nós, vestindo ternos escuros e sempre com cara de meliantes, ou com o sorriso de ironia celebrizado por Ary Barroso, que, por sorte, não estava mais entre nós. Mantínhamos atitude de neutralidade diante dos policiais. Confesso que temi pelo futuro, havia histórias terríveis sobre os agentes da repressão. O único a desafiá-los ostensivamente era Gonzaguinha, sentado no parapeito da varanda, repetindo seu mantra:

— Eu sou do sertão. Não tenho medo de nada.

Levantei-me, discretamente apavorado, fui até onde ele estava e sussurrei:

— Não faça isso, Gonzaga. Esses caras são barra-pesada, vão jogar a gente no mar...

Gonzaguinha não ligou, continuou a repetir seu refrão de valente. Eu, mais covarde a cada minuto, só pensava em como descascar aquele pepino moral e cívico. Fazia cara de estoico, mas a única ideia de esquerda que me restara naquele sufoco suponho fosse de Lênin: "O primeiro dever de um revolucionário é manter-se vivo."

Enfim fomos chamados à sala do chefe. Um porta-voz nosso, não me lembro quem, defendeu o direito de retirarmos nossas canções do Festival. O chefe da repressão retrucou que todos havíamos assinado, na inscrição das músicas, autorização para que fossem executadas. Houve algum debate sobre a legalidade da resolução. Aliás, se alguém usou a palavra *resolução*, temi que os anfitriões armados a confundissem com *revolução*, palavra proibida naqueles tempos.

Queria que a reunião acabasse o mais depressa possível, qualquer que fosse o desfecho, que executassem nossas músicas, contanto que não nos executassem.

Resumo da ópera: participamos à força do Festival. Eduardo Souto e eu tínhamos composto um rock especialmente para sermos vaiados pela plateia, em geral fundamentalista quanto à MPB. O aplauso passa, a vaia é eterna. O título era "18h30", tudo planejado. Não sabíamos que o Festival havia convidado para o show principal a banda de Carlos Santana. Todos os doidões disponíveis do Rio de Janeiro — cerca de quinze mil — foram ao Maracanãzinho curtir o guitarrista mexicano. Quando ouviram nosso rock, fomos aplaudidos. E, naturalmente, desclassificados.

ÁUREOS TEMPOS NEGROS

Em meados de 1971, resolvi abandonar a faculdade de filosofia. As aulas eram poucas, dava um trabalho danado para chegar ao largo de São Francisco, que estava em péssimo estado cinquenta anos atrás, não ouso imaginar como estará hoje. Aproveitei para fazer curso de programação de computadores, na IBM. Naquele tempo a gigantesca engenhoca ocupava um andar inteiro, no Centro da cidade. Também tentei incursões como compositor na TV Tupi, que tinha como diretor musical o cantor Lúcio Alves.

Nas horas vagas, me dediquei ao cinema, aos livros e aos demais prazeres da vida. Ia quase todos as noites ao Museu da Imagem e do Som, na praça XV, ou ao Cinema Paissandu, para assistir aos contemporâneos. Meu favorito? Jean-Luc Godard, por suas invenções de linguagem e histórias pós-modernas de amor. Tudo que suas heroínas e seus heróis diziam era música para meus ouvidos. Decorei algumas frases de seus filmes, entre as quais "A ética é a estética do futuro", cuja autoria o cineasta atribui a Lênin. Depois de refletir anos a fio sobre o significado da ideia, descobri que tinha sido criada pelo próprio Godard. Passei a gostar ainda mais dele, assim como admiro os heterônimos de Jorge Luis Borges, Pessoa, e o teórico Yáiartz, inventado por Guimarães Rosa.

Também nesse ano fiz minha primeira viagem de ácido lisérgico. A convivência com paraísos artificiais, que deve ser quase tão antiga na história das artes quanto o vinho nas festas de Dioniso, fora reinaugurada com êxito por Aldous Huxley em seu livro *As portas da percepção*. Por influência assumida de Huxley, a experiência foi repetida aqui por Paulo Mendes Campos, agora com LSD e sob supervisão médica, em 1962. Não vou perder o tempo do leitor explicando em que consiste a droga, sempre fui péssimo aluno de química. Sei que no final dos anos 1960 o tema voltou à moda, quando o ficcionista e provável antropólogo peruano Carlos Castañeda publicou sua improvável dissertação de mestrado, supostamente defendida na Universidade da Califórnia, com o título de *The Teachings of Don Juan*. O livro falava do uso ritual de drogas num povoado mexicano que podia até ser verdadeiro, mas também tinha aparência de falsificado. Não sei como acreditei nos ensinamentos do livro. Talvez a credulidade derivasse do fato de que a realidade sempre foi um abacaxi, mormente neste país extravagante em que vivemos, com a juventude uivando do lado de dentro e a ditadura ganindo do lado de fora. Todo mundo vivia doido pra ficar doidão.

Não me lembro quem nos arranjou ou vendeu a substância, sei que tomei a pastilha em companhia de dois amigos. Em meia hora estávamos mais doidaços do que Lucy in the Sky with Diamonds. Entre as atividades que empreendi durante a viagem, me lembro que passei algumas horas lendo um só capítulo de *O vermelho e o negro*, de Stendhal. Eram duas, no máximo três páginas. Foi como se tivesse entrado numa aventura holográfica, na qual me identificava com o drama de Julien Sorel, mas não conseguia me evadir do labirinto de imagens que pairavam ao meu redor. Não era uma *bad trip*, como muitos experimentavam na época, inclusive o meu brother-parceiro, que cismou de caminhar no parapeito da janela do terceiro andar. Apesar das holografias doidonas, minha viagem foi simpática. Me lembro que saí para caminhar, dei um rolê pra gastar as anfetaminas. Na avenida Delfim Moreira, me deparei com um Aero Willys vermelho. O design *art déco* do carro provocou em mim um acesso de riso que durou meia hora. A *good trip* só acabou de manhã: Egberto e Dulce passaram lá em casa cedinho, não me lembro a troco de quê. Convidei-os para tomar café. Ao servir minha própria xícara, contudo, me esqueci que existia uma entidade chamada Tempo e, enquanto elucubrava um raciocínio qualquer de doidão, fiz com que o líquido da garrafa se derramasse todo sobre a mesa. Maior bandeira.

Não saí da experiência melhor: continuei a mesma porcaria.

Mas o grande momento de 1971 foi o Réveillon. Fomos para Rio das Ostras, a família Mendes Campos e a nossa. Lá reencontramos um grupo de amigos mais velhos, de quem Daniel e eu nos havíamos aproximado cinco anos antes. Eram uns coroas — imagine — entre 25 e 30 anos. Maria Helena e Alberto Reis, Marisa e Mauro dos Guaranys. Dois casais bonitos, inteligentes e modernos. Ficamos amigos na praia, e eles ficaram curiosos de saber quem seriam os pais daqueles meninos loquazes e desinibidos. No ano seguinte, Daniel e eu os levamos à nossa casa.

Em 1971, Maria Helena e Alberto receberam uma plêiade para o fim do ano. Mary e Zuenir, Wilma e Ziraldo, Elice e Sérgio Augusto, Magali e Sérgio Cabral e, representando São Paulo, o dramaturgo Chico de Assis. Ziraldo e os dois Sérgios tinham sido presos em novembro do ano anterior, por atividades consideradas subversivas do semanário *O Pasquim* — a principal delas consistira em publicar uma entrevista de Leila Diniz toda assinalada por asteriscos, equivalentes hoje aos apitos que se ouvem na TV cada vez que alguém diz um palavrão. A prisão, contudo, não havia abatido a alegria da rapaziada. Lá mesmo, no cárcere da Vila Militar, a turma fez um samba sobre o tema:

A Vila não é mais aquela
Não é mais tão bela
Como Noel cantou
A Vila não é a Vila da princesa, não
É a Vila da tristeza, sim
Lá perdi meu violão
Lá os dias não têm fim
Mas (a Vila) tem um quê
(é um Q.G.)
Que prende a gente.

Também fazia parte da trupe o arquiteto Sérgio Rodrigues, um dos fundadores do design de móveis no Brasil. Só mais tarde eu descobriria que ele era também o único filho homem de Roberto, o irmão assassinado de Nelson Rodrigues, num episódio que, possivelmente, faria eclodir a visão tragicômica de seu tio.

Todos tínhamos passado o ano anterior empenhados em sobreviver no Brasil, ofício que não era dos mais fáceis, sobretudo para quem era inimigo da ditadura. A ideia de passar o Réveillon em Rio das Ostras era um projeto de sombra & água fresca. O problema é que Chico de Assis era *workaholic*: trouxe de São Paulo uma programação cultural intensa. Radionovelas, programas de auditório, gincanas intelectuais. Sem contar a parte melhor de nossa programação, uma espécie de *reality show*, que praticávamos sem saber que a ideia existiria. Éramos todos exibidos. Participávamos de competições e torneios previamente engendrados pelo Chico durante todo o ano. Mas, no fundo, o que importava mesmo para nós era a vida, que pretendíamos viver de forma inovadora. Faltou falar, porém, de uma pessoa que também fazia parte da trupe e se tornaria fundamental pra mim: Millôr Fernandes.

Acredito que grande parte do Brasil saiba quem ele é. Costumava se definir como jornalista, etiqueta modesta para um artista e intelectual múltiplo. Extraordinário em tudo: desenho, dramaturgia, tradução, até no jornalismo. Mas tinha um dom maior: o humor. Atrevo-me a afirmar que é dos melhores humoristas do mundo, embora ele próprio repetisse que "o humor não viaja bem". Assim como a poesia, o humor se perde na tradução.

Mas até os aforismos de Millôr viajariam bem. Por exemplo: "Life's a terminal disease." Não bastassem as muitas qualidades, ele era capaz de expressar o caos do mundo, em geral, e da vida política brasileira, em particular, da qual quase sempre esperou o pior: "O Brasil tem um grande passado pela frente."

Todos tínhamos admiração pelo Millôr. Minha geração mais ainda, porque ele nos alfabetizou — ou nos *analfabetizou* — com sua coluna "Pif-Paf", assinada pelo personagem Vão Gôgo, na revista *O Cruzeiro*, a mais popular do Brasil nos anos 1950. É conhecida sua ascensão vertiginosa na organização comandada por Assis Chateaubriand, versão revista e ainda mais prepotente do americano William Randolph Hearst, que inspirou o Cidadão Kane. Millôr começou na revista aos 15 anos; aos 17, assinava cinco colunas. Então propôs ao seu chefe trocar as cinco por uma única, com mais destaque. Subiu como um foguete. Aos vinte e poucos, foi morar na avenida Atlântica, na qual dividia apartamento com Fred Chateaubriand, sobrinho do poderoso chefão. Que, aliás, morava na mesma Atlântica, num sombrio casarão à beira-mar.

Por acaso fui levado a esse cenário lúgubre por meu pai, imagino que a serviço de JK. Parecia locação de filme inspirado em "A queda da casa de Usher", de Edgar Poe. Me lembro da visita por detalhes também lúgubres. Ao entrarmos no casarão quase às escuras, havia um único cômodo fortemente iluminado no térreo: dentro, uma piscina cavada no assoalho, na qual Chateaubriand fazia fisioterapia, suponho que para se recuperar de um derrame. Só faltava que ele deixasse cair um instrumento fisioterápico e proferisse a frase do seu duplo norte-americano: "Rosebud..."

Nos anos de ouro do casarão, Millôr havia estado lá muitas vezes. Ele me contou que, em sua primeira visita, o chefão tinha se mudado havia pouco tempo, a casa ainda estava com os móveis por arrumar. Um caos. O velho Assis Chateaubriand voltou-se para ele e disse:

— Menino, vá lá em cima apanhar o livro tal assim assado.

Millôr subiu a escadaria e se deparou com dezenas de milhares de livros espalhados pelo chão. Pensou com seus botões que a missão imposta pelo patrão era irrealizável. Sentou-se por um instante, arrasado, para meditar sobre que resposta daria ao Cidadão Kane tropical. De repente, viu um livro sobre a imensa pilha que estava a seu lado. Era o próprio! Millôr nunca acreditou em milagres, mas preferiu atribuir os que presenciou à sincronicidade. Desceu a escada e entregou o livro a Chateaubriand. Que comentou:

— Esse menino é esperto.

Chateaubriand logo descobriria que Millôr não era apenas esperto. Tinha no cérebro uma máquina de processar informações em velocidade sem precedentes. Tudo o que entrava saía de lá modificado, revigorado ou novo em folha. Em breve, todo o Brasil saberia disso. Sempre concordei com Oswald de Andrade, que diz: "Viva a rapaziada, o gênio é uma longa besteira." Millôr era a exceção.

Como explicar a origem de um gênio? Primeiro, suponho que haja uma genética favorável. Hélio Fernandes, o irmão mais velho do Millôr, completou 100 anos e continuava brilhantíssimo. Conhecia de cor toda a história do Brasil. Segundo Millôr, quando não conhecia, chutava. Durante almoços em companhia de ambos percebi que Hélio chegava a incomodar o irmão mais novo com sua eloquência e capacidade de enovelar a crônica dos fatos. Em suma, o intelecto da linhagem tinha pedigree.

Não sei por que Millôr passou o Réveillon de 1971-72 em Rio das Ostras. Também não sei o que ele viu naquele fedelho de 19 anos que eu era. Sei que ficamos amigos. Ele me dizia sempre coisas brilhantes e tinha a impressão de que eu entendia, o que era verdade parcial. Conquistada a amizade, jantávamos juntos a cada trinta, no máximo quarenta dias. Eu não tinha dinheiro pra rachar a conta. Ganhava um dinheirinho escasso de direitos autorais de minhas letras. Ele costumava me levar a seus restaurantes favoritos. O Mario's, na Ataulfo de Paiva, e o Nino's, em Copacabana, rua Domingos Ferreira, ao lado do primeiro Bob's.

Millôr teve uma infância digna de Charles Dickens. Nasceu em família de classe média. Quando tinha 1 ano, seu pai morreu. A família piorou de vida. Aos 8, perdeu a mãe. Ao receber a notícia, deitou-se sobre a esteira que havia debaixo de sua cama e chorou durante um bom tempo. Quando as lágrimas acabaram, chegou à conclusão de que Deus não existia. Tornou-se o ateu mais renitente que já conheci. Os ateus brasileiros que conheço são devotos de Nossa Senhora Aparecida, ou de são Francisco ou de santa Teresinha. Somos ateus paraguaios.

Durante a prisão dos colegas d'*O Pasquim*, Millôr escreveu o jornal inteiro sozinho. Sabia imitar o estilo de cada companheiro. Ao contrário de quase todos os demais, recusava a hipótese de se entregar à polícia. À época, o gesto era considerado nobre e romântico. Millôr sempre pensou por si: não queria ser preso de jeito nenhum. Defendia a liberdade com uma paixão absoluta.

Tinha horror quando eu o levava para expedições ao Centro Cultural Cartola, na Mangueira, ou ao restaurante Nova Capela, na Lapa. Da última vez em que o fiz, declarou: "Levo vinte anos pra chegar à Zona Sul, e você me leva de volta em vinte minutos." Nunca mais o conduzi para além dos limites de Ipanema, no máximo Copacabana. Onde ele várias vezes me levou para conhecer o que tinha restado da metrópole chique dos anos 1950. Ao restaurante Bec Fin, onde me apresentou ao lendário *maître* José Fernandes, entre outros símbolos dos anos dourados da cidade.

Engraçado que eu discordava do Millôr em quase tudo. Política: ele, anarquista; eu, quase sempre à esquerda da esquerda. Ele tinha horror de Freud, de antropologia e de psicanálise. Dizia que, em breve, ela seria considerada perigosa, depois proibida e os psicanalistas, encarcerados. Eu, ainda que não praticante, achava Freud imprescindível para compreender as patologias da vida contemporânea.

Fomos ao cinema juntos dezenas de vezes. Só me lembro de uma em que concordamos: *Bird*, sobre a vida de Charlie Parker. Ambos o consideramos estupendo. Me lembro também que Millôr jamais abandonara uma sessão no meio. Estávamos certa vez no Art Palácio Copacabana, assistindo a um filme de Peter Greenaway. Os atores ótimos, a direção também. Mas tudo demorava demais. Depois de hora e meia de filme, propus: "Vamos embora?" Millôr me olhou espantado, como quem diz: "Pode?" E saímos felizes da vida.

Ele adorava telefonar e deixar recado na secretária eletrônica, engenhoca da qual foi o primeiro usuário, que eu saiba. Ainda em Rio das Ostras vi-o acionar a secretária através de um instrumento que me pareceu extraído de *Metrópolis*, de Fritz Lang. Seus recados eram dignos de Thelonius Monk ou Charlie Parker. Felizmente, minha musa e patroa guardou quatro ou cinco. Um de seus números prediletos era me convidar pra jantar com amigos cujo nome não revelava. Repetia o refrão: "Se não tiver nada melhor pra fazer."

Millôr tinha muitas aventuras, algumas pouco conhecidas. Como na tarde em que Vinicius o sequestrou de um bar na Cinelândia e o arrastou, junto com uma velhinha, para dentro de uma cabine telefônica, e lá descobriu que a velhinha era a poeta chilena Gabriela Mistral, que acabava de receber, pelo telefone, a notícia de que ganhara o prêmio Nobel de Literatura. Ou a passagem por Sevilha, cujo cônsul, seu amigo João Cabral de Melo Neto, o levou a passear de carro. E Cabral dirigia tão mal que Millôr ameaçou apelidá-lo de O Barbeiro de Sevilha. O poeta conhecia o poder de difusão da graça do Millôr e suplicou que ele não divulgasse o novo epíteto.

Como nossa amizade durou quase quarenta anos, era inevitável que ele me contasse de novo as mesmas histórias. A cada repetição do Millôr, a narrativa era rigorosamente idêntica. A única coisa que mudava, com o passar do tempo, era o tom com que relatava suas lembranças. A primeira vez, quase sempre sob a clave da comédia. Na segunda, os fatos eram os mesmos, mas havia um substrato de drama. Mais para o fim da vida, passou a perceber que alguns episódios lhe haviam deixado marcas dolorosas. Ele, que abominava lágrimas e melodramas, deixava-se tocar pelos rasgos de afeto e grandeza que percebia nas pessoas ao redor de si. Era como se isso abalasse o seu pessimismo filosófico. Ainda que tivesse aversão ao choro, seus olhos ficavam marejados quando se lembrava da delicadeza e do amor de que fora objeto.

Na virada do milênio, Millôr passou a cultivar o hábito de falar mal de Machado de Assis. Discordei. Mas não era fácil discutir com ele. Tinha argumentos imprevisíveis. As discussões às vezes duravam o ano inteiro, em capítulos. Sobre Machado, ele sustentou a princípio que era um escritorzinho medíocre inventado pelos críticos. Eu rebatia que Machado não era tão compreendido pelos contemporâneos. Só mais tarde se tornou a figura central da literatura brasileira. Millôr insistia: medíocre. Recorri aos meus contos favoritos. Em vão. Em desespero de causa, apelei para as *Memórias póstumas*. Ele releu o livro e o considerou apenas razoável.

Em compensação, releu *Dom Casmurro* e chegou à conclusão de que Bentinho era gay. Segundo a crítica milloriana, o problema do protagonista de *Dom Casmurro* não era ciúme de Capitu, mas a paixão pelo amigo Escobar. Nunca mais consegui ler *Dom Casmurro* sem achar que ele talvez tivesse razão. Para complicar, ainda sustentava que Bentinho era *alter ego* do próprio Machado, o que, em última análise, demonstraria que o próprio Joaquim Maria, através do tortuoso raciocínio dele, era gay. Argumentei que um escritor de ficção veste muitas máscaras. Nunca chegamos a um acordo.

Tive que usar os argumentos mais mirabolantes para tentar conter sua fúria antimachadiana. O melhor que encontrei foi o de que ele falava mal de Machado porque era muito parecido com o Bruxo. Ele parou por um instante, perplexo, e me perguntou: "Parecido por quê?" "Pelo menos pelo ceticismo", respondi. Ele foi obrigado a concordar. Também inventei outras similitudes menos óbvias, e consegui sepultar, pelo menos por uns meses, a campanha contra Machado.

A liberdade de pensar do Millôr exorbitava todos os limites. Em 1994 fomos assistir à Copa do Mundo no restaurante Marius, onde Mairos Fontana instalara um telão e convidara uma dúzia de amigos. Ao constatar que o Brasil jogava mal, Millôr passou a torcer contra a Seleção Canarinho. Tentei explicar que a atitude dele era crime de lesa-pátria, conforme demonstrado em capítulos anteriores. Ao perceber que era impossível convencê-lo, deixei de assistir aos jogos em sua companhia. Só na final fizemos um armistício para assistir a Brasil vs. Itália.

Trabalhamos juntos em três ocasiões. Em 1987, a convite de Jom Tob Azulay, escrevemos o roteiro do filme *O judeu*. Para nossa surpresa, concordamos em tudo. A experiência foi tão boa que repetimos a parceria no início do novo milênio. Para o teatro, adaptei sua primorosa tradução de *A megera domada*, por encomenda de Mauro Mendonça Filho. A única discordância foi sobre a partilha dos direitos autorais. Eu achava que ele deveria ganhar mais por ter feito a tradução; ele insistia no contrário, com o argumento de que o pepino da adaptação era meu. A discussão durou uns três uísques, acho que consegui convencê-lo. Fomos juntos assistir ao último dia da temporada, no Teatro João Caetano.

Pouco depois dos 80, Millôr sofreu uma queda no calçadão de Ipanema, em uma de suas corridas matinais. Consegui burlar a vigilância do hospital para visitá-lo em seu quarto. Para nossa surpresa, Ziraldo fez o mesmo, quinze minutos depois. Millôr ficou animado com nossa visita. Sentou-se ereto na cama e, como sempre, arquitetou ideias brilhantes, sem se deixar abater pela circunstância.

Ao deixar a internação, não era mais o mesmo. A voz fraquejou. A mobilidade declinou. Quando marcava de almoçar com os amigos, fazia questão de chegar antes, para que não o vissem com dificuldade de andar. A privação devia ser pior para alguém com tanto talento para os esportes, que tinha o ímpeto de correr todas as manhãs.

Alguns anos depois teve um problema mais sério. Foi internado na Clínica São Vicente. Eu conhecia aquele labirinto nos mínimos detalhes e consegui burlar a vigilância, mais uma vez, para visitá-lo, mas ele estava desacordado. Depois foi transferido para a Clínica São José, no Humaitá. Lá as visitas ocorriam entre as 15h e as 16h, e consegui vê-lo algumas vezes. Numa delas encontrei Eliana Caruso na portaria e subimos juntos. Millôr tinha sido submetido a uma traqueostomia. Era estranho ouvir sua voz filtrada através de uma cânula. Eliana, que é uma craque da vida, lidou bem com a nova situação. Fiquei chocado, mudo. Como eu não dizia nada, Millôr me pediu que cantasse. Balbuciei: "Cantar o quê?" Ele respondeu: "Se todos fossem iguais a você."

Comecei a cantar com minha voz rouca e desafinada, ainda por cima atravessada pela situação comovedora.

Assassinei a canção. A certa altura, Millôr se cansou de ouvir aquela ladainha e, através da cânula, decretou: "Chega! Arranja alguém melhor pra cantar..." Surpreso com a sinceridade dele, perguntei: "Quem?" Ele sussurrou: "Olivia Byington." Dias depois, levei Olivia até lá e ela atendeu ao desejo.

Dali a poucos meses nasceu meu filho menorzinho, lá mesmo, na Clínica São José. Durante os poucos dias em que nós e o pequeno Vinicius permanecemos na maternidade, que era, se não me engano, no quarto andar, aproveitei para visitar o Millôr todas as tardes, no terceiro, sem as restrições de horários hospitalares. Era um convívio estranho, vida contra a morte.

Até então, tinha certeza de que Millôr era eterno. Era como se ele estivesse séculos à minha frente, desde sempre e até sempre. Era a minha referência de futuro, desde meus verdes negros anos. Quando completei 35 — ó céus, jamais imaginei que chegaria a idade tão avançada —, minha amiga Ivone Kassu fez um jantar num restaurante de Ipanema para trinta convidados. Claro que Millôr estava entre eles e me trouxe um livro de presente: *Ronde annuelle des marteaux-piqueurs ou La mutation d'un paysage*, coletânea de pinturas de um artista chamado Jörg Müller. As imagens descreviam a mesma paisagem que, com o passar dos anos, é recoberta por estradas, viadutos, fábricas, edifícios, até que não reste dela qualquer vestígio. Dentro do livro, um cartão com seu nome impresso, onde grafou a dedicatória, com sua semântica irônica e peculiar: "Ao amigo G. (...) na data magna de seu natalício aniversarial, este livro de uma paisagem, uma via, uma memória, um desastre urbano e humano, e pra que não se esqueça que todo homem, ao desaparecer, leva no coração várias cidades mortas."

Discordo, como sempre, Millôr. Tenho esperança de reencontrar você nas próximas encarnações do nosso balneário, mesmo que só restem dele fragmentos ruínas ecos de uma civilização que não chegou a ser, mas persevera em busca de um verão em que o mar salgado nos faça navegar nas Áfricas da imaginação, até que encontremos Dolores Duran numa boate do Posto 6, Orson Welles saindo do Copacabana Palace com Grande Otelo para visitar uma roda de samba; na próxima, quem sabe te levo à casa de Cartola, no Buraco Quente, onde certa vez bati de surpresa, só pra me exibir para minha amada, ou à casa de Tom Jobim, na Codajás, ou à cobertura de seu amigo Caymmi, na Bulhões, ou à de seu amigo Braga do outro lado da praça, às inacessíveis praias sonhadas por Manuel Bandeira, a uma roda de samba com Martinho, a quem você sempre sabe apreciar.

É verdade, a cidade continua a ser destruída; não há mais a Galeria Cruzeiro da sua infância, onde o bonde fazia a curva, como tantas vezes você descreveu, tampouco o cinema Miramar, da minha, onde os pivetes de minha geração subimos ao palco ao som de Chubby Checker. A cidade que embarcará comigo terá entre seus melhores momentos a sua alegria sua amizade seu ceticismo seu humor, pois, como você escreveu num texto que arrematamos a quatro mãos, toda graça participa um pouco da graça de Deus, mesmo que seja apenas a graça de lutar para que a vida seja menos imperfeita, mesmo que você não quisesse, seu destino é continuar aqui guardião das praias da nem sempre leal y tampouco heroica cidade de São Sebastião do Rio de Janeiro, por toda a eternidade e mais um fim de semana.

Outra dose de delírio

Durante a internação, rodeado de amáveis aloprados, eu meditava sobre ser ou não ser doido. Acumulava argumentos contra e a favor. Contra: difícil existir um cidadão tão caxias quanto eu. Nunca atrasei um trabalho, jamais deixei de pagar as dívidas antes que vencessem ou de comparecer a um encontro marcado, salvo um ou dois, por motivo de força maior. Somando essas poucas virtudes, considerava meu confinamento na clínica uma injustiça.

Millôr, por exemplo, nunca alegou que eu fosse lunático, embora tivesse testemunhado cenas altamente suspeitas. Certa vez estávamos no teatro, Cora Rónai, ele e eu. Era um texto de Samuel Beckett, talvez *Endgame*. Ao traduzi-lo, Millôr passou deliberadamente ao largo do projeto estético-político de Beckett. (Sempre imagino que os escritores irlandeses pretendam destruir ou criticar a língua e as referências de seu colonizador, o Império Britânico. Swift criou mundos imaginários, Joyce inventou seu multidialeto em *Finnegans Wake*. Oscar Wilde preferiu ridicularizar os costumes da Inglaterra, com o fim de demonstrar como era superficial, hipócrita e fútil a vida dos britânicos aristocráticos. Já Beckett concebeu um mundo pós-apocalíptico e, num gesto extremado de guerra anticolonial, passou a escrever em francês.) Nesse espetáculo, Beckett não parecia Beckett. Em vez de transpor suas palavras para o português com a almejada aridez do original, Millôr reinventou o texto com um sopro barroco semelhante ao de Shakespeare. Fiquei maravilhado. Ocorreu-me um poema. Não tinha lápis para escrever o meu espanto. Recorri ao Millôr, mesmo sabendo que ele jamais teria um pedaço de papel no bolso, como já comprováramos em outros episódios. Aos sussurros, supliquei que Cora me emprestasse uma caneta, lápis, qualquer coisa do gênero. Ela demonstrou por mímica que não havia nada semelhante em sua bolsa. Solidária, cutucou a vizinha de poltrona, que balançou a cabeça em sinal de negação. Nosso telefone sem fio, movido a gentis cotoveladas, chegou ao final da fileira, e uma espectadora solidária me passou seu lápis de maquiagem. Anotei às pressas o poema inspirado pelo texto da peça, sempre fingindo que assistia ao espetáculo, na esperança vaga de que ninguém ao redor percebesse meu pequeno surto. Serenei.

Vinte minutos depois, outra passagem do Beckett reinventado me arrebatou: recorri de novo à mímica, implorei à Cora que encontrasse um instrumento, qualquer que fosse, para a escrita. Ela passou a mensagem adiante, até que chegasse à alma boa do fim de nossa fileira. Lá veio de novo o bendito lápis de maquiagem, escrevi o novo poema. Serenei. Millôr, estranhamente, não estranhou coisa nenhuma. Já devia ter assistido a cenas semelhantes. Já havia me visto muitas vezes encasacado, extraindo dos bolsos poemas recém-escritos. Era um leitor rigoroso, mas delicado. Uma única vez corrigiu um poema meu, que começava assim:

Soníferos eu lanço contra as feras
Que me devoram a solidez do sono.
A solidão em si não me apavora.
Os outros são o inferno, o purgatório
E às vezes são também o paraíso.
Não sei do inverno que virá ou não
Virá, ainda não formei juízo.
Aliás, juízo sempre me faltou
Há de faltar, suponho, até a morte.

Para minha surpresa, Millôr, que sempre respeitava as qualidades e tolices do texto alheio, me propôs trocar o verbo:

Aliás, juízo sempre me faltou
E há de faltar, espero, até a morte.

Nunca havia pensado que essa intervenção poderia ser um atestado de sanidade. Ou de insanidade, conforme o ponto de vista. Uma dose de delírio era parte das obrigações profissionais de qualquer escritor. Se eu a extrapolasse, contudo, corria o risco de ser encarcerado para sempre entre as flores de estufa da clínica.

O consolo é que minha amada Ana Paula estava comigo todos os dias. Conseguimos que ela dormisse no meu quarto. Era uma alegria imaginar que a felicidade perduraria para além daquelas grades e daqueles jardins. Ainda não sabia que, ao fim de uma semana, eu conquistaria a alforria para ser feliz ao lado dela.

ADMIRÁVEL MUNDO NOVO (2)

Mas estou colocando o carro na frente dos bois. Acabamos de chegar ao ano de 1972.

Voltei do Réveillon em Rio das Ostras de carona no fusca de Sérgio Rodrigues, em companhia de minha futura namorada, Vera. Ela vinha de um casamento malogrado poucos anos antes. Tinha dois filhos, morava com a mãe, na Fonte da Saudade, na rua Baronesa de Poconé. Era quinze anos mais velha do que eu, o que, à época, ainda provocava alguma estranheza entre os mais conservadores. Talvez por isso, a princípio, namorássemos em segredo. Costumávamos dormir na casa de sua mãe, no alto da ladeira.

Claro que todos os moradores da casa sabiam de minha existência, mas, como finjo que sou discreto e educado, eu me escondia com capricho, e eles, educadíssimos, fingiam que nunca existi. Semanas mais tarde conheci oficialmente sua mãe, Dália Antonina, inteligente e sofisticada. Seu marido era um inglês legítimo chamado Anthony. Ele deve ter achado que havia algum parentesco entre mim e o pai do Hamlet: eu era um fantasma pra inglês ver e, sobretudo, pra inglês não ver.

No mesmo ano descobri que havia passado no vestibular para letras, na PUC, onde fui parar por sugestão de meu amigo João Carlos Pádua, poeta e letrista. Quando vi aquele campus verdinho, percebi que era a minha praia.

Embora o cenário fosse paradisíaco, dentro de nós a sobrevivência era um terror. O mundo não oferecia lugar para nossas ideias libertárias. Vivíamos divididos entre os sonhos que sonhávamos e o pesadelo-realidade à nossa volta. Era um embate permanente e fadado ao fracasso com o monstro a que chamávamos de "sistema". Nele incluídos a família, relações de trabalho, a necessidade de cursar a universidade, instituição que nos parecia inútil, repetição tediosa e vã de modelos anacrônicos. Pensando assim, não cheguei a completar as cadeiras da graduação, mas frequentei como ouvinte todos os cursos que me interessavam, tanto no mestrado quanto no doutorado. Não víamos sentido em perpetuar o sistema — a palavra maldita da qual fugíamos em nome da Vida, a única divindade que eu admirava. Éramos tão apaixonados pela vida que, caso ela não nos fosse amável, alguns de nós desistíamos de viver.

Sofríamos com o desespero *made in Brazil*, sem a elegância *blasé* do *désespoir* dos franceses. As novas matrizes conceituais chegavam agora do mundo anglo-saxão. A espuma do desespero alcançara ou alcançaria em breve nossos ídolos. Jim Morrison, Jimi Hendrix e Janis Joplin eram nossos mártires-heróis. Os poetas beatniks já haviam descoberto a pólvora e a poesia do nosso tempo. Allen Ginsberg nos havia anunciado alguns anos antes, em seu poema "Uivo": "Eu vi as melhores cabeças de minha geração destruídas pela loucura — famintos, histéricos, nus, se arrastando pelas ruas do bairro negro ao amanhecer, fissurados por uma picada (...) andrajosos e de olhos ocos e que enlouquecidos se sentaram fumando na escuridão de apartamentos sem aquecimento flutuando pelos telhados da cidade a contemplar o jazz..."

Claro que havia diferenças entre as dissonâncias nossas e as dos norte-americanos. Se eu fosse sociólogo, diria que a maior delas era o fato de que, na sociedade deles, havia sobras suficientes para dar sustento aos colegas da *beat generation*, enquanto no Brasil éramos jovens de classe média vivendo à custa de bicos e da poupança das famílias. Quando mais tarde fomos chamados de "poetas marginais", protestei, alegando que os marginais eram as populações periféricas, sem direito a saneamento, educação e saúde. Éramos meninas e meninos cheios de privilégios, com direito a casa e comida.

Queríamos a liberdade política e sexual. O projeto de amor livre nos seduzia. A prática, no entanto, era um desastre. A ideia de dizer toda a verdade sobre a inconstância das paixões aos cônjuges, namorados etc. provocava os mais terríveis dilaceramentos. Éramos imitações de Bukowski com a alma das mocinhas de Madame Delly.

Também era verdade que os bairros negros daqui fossem ainda mais avassalados pela miséria, mas havia neles consolo semelhante ao do jazz: o samba — que é uma das expressões mais brilhantes e vitais de nossa cultura. Tive a alegria de conhecer orixás como Cartola e de escrever letras para Elton Medeiros, Moacyr Luz e Martinho da Vila. Na próxima encadernação, meu sonho é aprender a sambar.

O capítulo das drogas injetáveis também não chegou às minhas veias. Jamais cogitei a propósito delas por um motivo ridículo: medo de injeção. Quando se falava em injeção na minha infância, era preciso um batalhão de parentes para subjugar-me.

Academia de danças

Minhas primeiras professoras de literatura na universidade foram Maria Cecília Londres e Clara Alvim. Clara nos fez ler Taunay e Alencar, cuja capacidade de criar um Brasil compatível com o Romantismo dos europeus e americanos me encheu de admiração. O que mais me divertia nele, no entanto, era a excentricidade em livros como *A pata da gazela*, uma versão ligeiramente perversa e podófila de Cinderela.

Com delicadeza, Clara me ensinou que, para conhecer o mínimo da literatura brasileira, eu precisava comer muito feijão com arroz. Dividiu a turma em grupos, cada qual encarregado de resenhar um autor. Declarei que não tinha interesse por prosador que não fosse Machado e Guimarães Rosa, ou o Graciliano Ramos de *Angústia* e *Vidas secas*. Em troca da minha empáfia, fui encarregado de dar a última aula do semestre. O tema? Guimarães Rosa.

Fiquei em palpos de aranha. Só conhecia *Grande Sertão: Veredas*, *Sagarana* e *Corpo de baile*. Li às pressas *Tutameia*, *Primeiras estórias*, *Ave, Palavra*. Passei dois meses tentando cumprir a missão, lendo o Guimarães de cabo a rabo. Não tinha instrumentos teóricos para analisá-lo. Não me lembro como me saí na aula; sei que suei frio com a resposta. Clara se tornou minha amiga. Mais tarde eu descobriria que ela era prima de Vera e casada com um futuro amigo da vida inteira, o poeta Francisco Alvim.

Apesar da ditadura rugindo do lado de fora, a PUC era uma festa. O Departamento de Letras era dirigido por Affonso Romano de Sant'Anna. Ele inventou um espaço para exibir-publicar novas tendências: a Expoesia. Me pediu poemas para a exposição. Eu nunca tinha pensado em ser poeta. Mas tinha meia dúzia de textos sem música. Por via das dúvidas, enviei dois ou três para o Affonso e ele assumiu o risco de publicá-los.

Grandes esperanças

Vera me apresentou a seu irmão, Francis, e sua cunhada, Olivia. Os dois haviam chegado de Los Angeles, onde moravam, para passar férias no Rio. Ele já era compositor de sambas e canções notáveis com letras de Vinicius, Ruy Guerra e Paulo César Pinheiro. Estava ocupado com sua primeira safra de canções com Chico Buarque; enquanto eu estava empenhado em escrever letras para melodias de Egberto, discos, filmes e teatro. Não podíamos pensar em ser parceiros.

Aliás, parcerias inspiravam ciúmes terríveis. Os casamentos dessa época eram mais abertos ou, pelo menos, mais tolerantes. Já se o cidadão ou cidadã fizesse música com outro ou outra era considerado um herege, um réprobo, um traidor. Eram raros os compositores como Vinicius, que mantinha uma promiscuidade musical exemplar. Entretanto, se um de seus parceiros começasse a flertar musicalmente com outro, Vinicius rodava a baiana, fazia tudo para empatar a nova parceria.

Francis e Chico, por exemplo, já estavam de olho um no outro havia muito tempo, mas Vinicius sempre dava jeito de afastá-los. Para isso usava as artimanhas mais astuciosas. E nada de reciprocidade em seus votos de fidelidade: houve época em que ele mantinha meia dúzia de parceiros simultâneos. Era um califa cheio de odaliscas em seu harém poético.

Tornei-me amigo de infância de Olivia e Francis. Tomamos um porre transatlântico no apartamento de Elza Leuenroth, mãe de Olivia, com vista para a enseada de Botafogo. Depois Elza e eu fomos até um sofá da sala, tão abundante de plumas que era como se estivéssemos no meio das nuvens e cavalgássemos um camelo amavelmente intoxicado. Entretidos na conversa, fomos deslizando, deslizando, tentando equilibrar os copos de uísque daquele tempo, largos e bojudos como esculturas de cristal, até que caímos, ela e eu, de bunda no chão, mas com os copos de pé. Ali a nossa amizade firmou-se para sempre. Levei Olivia e Francis ao show *Fa-Tal*, de Gal Costa, no Teatro Tereza Rachel. Sensacional. Primeira parte, voz e violão. Na segunda, entrava uma banda de rock pauleira — para os padrões daquele tempo. O guitarrista era Lanny, o baixista, Novelli. Ainda não sabíamos que Francis e eu iniciaríamos uma parceria de dezenas de canções, uma cantata e uma sinfonia. Mas isto só aconteceria anos mais tarde.

Meus amigos mais constantes à época eram Egberto e Dulce. Ainda em 1972 ele me convocou para assistir a um concerto de tango, no Theatro Municipal. Resisti o quanto pude. Considerava que o tango fosse um gênero de antiquário, extinto na primeira metade do século XX, após a morte de Carlos Gardel. Só que Egberto sempre teve poderes paranormais sobre mim. Ele havia me ensinado tantas coisas novas — de Thelonius Monk ao dodecafonismo —, sempre me senti obrigado a acatá-lo como preceptor musical, mesmo quando o estilo não me agradasse.

Para o meu desconcerto, o concerto era de Astor Piazzolla com seu quinteto. Arrebatador. A banda às vezes tocava uma espécie de tango-rock, um Emerson, Lake & Palmer com cordas percussivas e bandoneon. Em contraponto, havia milongas melancólicas como "Otoño Porteño", de cortar os pulsos, sem falar em "Adiós, Nonino", que Astor compôs no dia da morte de seu pai. Das músicas mais tocantes do mundo. Para arrematar a noite, Amelita Baltar cantava "Balada para un loco", uma apoteose no final do espetáculo.

Quando o concerto acabou, Egberto e eu ficamos tão deslumbrados que não tivemos coragem de cumprimentar Piazzolla no camarim. Nossa fascinação era tanta que, talvez sem perceber sua influência, compusemos um tango chamado "Bodas de prata", cuja melodia foi gravada décadas depois por Yo-Yo Ma. Na mesma época, Egberto comandava um coro que ensaiava todas as semanas em seu apartamento. Uma das músicas mais poderosas do repertório era a "Fuga Nº 9", de Piazzolla. Jamais podia imaginar que, no ano seguinte, Piazzolla seria meu parceiro.

Coisas da vida

Outro que conheci a essa altura foi Vinicius. Era 1970. Meu amigo Paulo Jobim me chamou para visitar o poeta. Fora encarregado por seu pai, Tom Jobim, de levar notícias frescas a seu parceiro de tantas canções. Esclareço ao leitor do século XXI que naquele tempo não havia celular, nem ligação internacional, a não ser na central da Companhia Telefônica, a mesma em que a poeta Gabriela Mistral recebeu a notícia de seu prêmio Nobel de Literatura, como se viu em capítulo anterior.

Vinicius vinha de uma separação tumultuada, como quase todas as aventuras românticas. Fernando Pessoa disse que todas as cartas de amor são ridículas. As histórias de amor, em geral, seguem uma dramaturgia igual, sendo as de Vinicius mais iguais do que as outras, amplificadas pelo sopro-poesia. Começavam em clima de encantamento, como no "Soneto do amor total". Depois iam a pique, nem sempre com direito a "Soneto de separação".

Numa das separações de sua vida, o poeta estava hospedado no apartamento de um casal de jovens amigos, Norma e Cecil Thiré, filho de Tônia Carrero. Me lembro que havia um bebê recém-nascido num dos cômodos, na avenida Ataulfo de Paiva. O casal ocupava um dos quartos e o bebê, o outro. Vinicius estava instalado na sala, num sofá forrado de plástico. E se comportava como se estivesse no bar do Plaza Athénée ou de outro hotel chique de Paris, onde fora cônsul.

Conheci de verdade Vinicius quando fui pela primeira vez a sua casa, em 1972, na rua Frederico Eyer, em companhia de Vera, Dulce e Egberto. Éramos apenas nós e os anfitriões, o poeta e sua esposa, Gessy Gesse, baiana simpática — o que é quase um pleonasmo. Vinicius era do signo de libra e, embora eu não entenda patavina de astrologia, talvez viesse dessa conjuntura astral a explicação para sua capacidade de metamorfosear-se conforme a amada. Nessa noite, creio que por influência de Gessy, ele vestia um macacãozinho verde-piscina.

Vinicius sorria o tempo todo, sobretudo para minha namorada. E ela correspondia. Otelo da nova geração, percebi aquela troca de olhares carregada de cumplicidade. Como era jovem e desconhecedor das coisas do mundo, decidi investigar. Descobri que o poeta e minha namorada já haviam sido namorados, alguns anos antes, em Ouro Preto. Senti ciúmes retrospectivos. Felizmente, já havíamos assimilado a igualdade de gênero. Desdêmona já tinha sido desdemonizada.

Vinicius e eu saímos juntos muitas vezes. Outro dia Sérgio Augusto lembrou que, em seu aniversário de 30 anos, em maio de 1972, levei Vinicius à sua festa, no restaurante Helsingor. Os proprietários reservaram o segundo andar para o aniversariante: era uma só mesa, bem grande, onde todos nos reunimos.

A noite foi inesquecível para mim, porque, como Vinicius e eu nos sentamos junto à parede, não havia meio de chegar ao banheiro, a não ser que pedíssemos que todos se levantassem. O poeta me viu tomado de melancolia e perguntou:

— O que foi, neguinho?

Expliquei que estava com urgência urinária, mas tinha preguiça de pedir licença: *"Par délicatesse j'ai perdu mon xixi."* Vinicius sorriu com a compreensão de quem já tinha passado pelo drama:

— Não tem problema, neguinho. Vou te ensinar a solução.

Indicou-me o balde de gelo, do outro lado da mesa:

— O ideal é fazer no balde, não só porque é grande, mas porque o gelo tira o cheiro...

Debalde: o balde estava no outro extremo da mesa. Apesar de suas palavras solidárias, continuei triste, medindo a distância entre mim e o almejado urinol. O poeta percebeu o motivo de minha angústia e, com delicada autoridade, proclamou:

— Se o balde está longe, faz no copo! — E indicou um copo vazio que o garçom se esquecera de recolher.

Vinicius adorava conversar fiado. Às vezes me chamava para passar na casa dele, quase sempre às dez e meia da manhã. Não sei por que tinha mania desse horário. Duas ou três vezes o encontrei em seu banho de imersão matinal, estirado na banheira, nu. Ele punha uma tábua entre as laterais da banheira e, em cima dela, lia jornais e revistas. Imagino que também escrevesse assim, mas nunca o peguei em flagrante de poesia. No máximo às onze ele sugeria:

— Neguinho, vamos tomar um uisquinho?

Como muita gente já sabe, o poeta tinha mania de chamar tudo no diminutivo. O copo de uísque de sua casa, contudo, merece o contudo. Era um copão abaulado de vidro, no qual cabiam três ou quatro doses, com apenas uma pedrinha de gelo boiando naquele mar que não chegava a ser o mar Vermelho, mas cor de malte. Quando chegava a meio--dia e meia, no máximo uma hora, ele dizia:

— Vamos sair pra almoçar?

Nessa altura, por mais que tivesse me contido na bebida, eu já estava pra lá de Tribobó. Saía para acompanhá-lo como se estivesse numa viagem de ácido lisérgico, tão pouca era a quantidade de sangue que restava no meu álcool.

De modo geral íamos à churrascaria Carreta, ancestral da famosa Plataforma. Uma construção de madeira, em plena Visconde de Pirajá. Era lugar de muitos encontros. Foi lá que empreendemos um campeonato mundial de virada de rodelinha de chope, Egberto, eu e o diretor de cinema Jean-Gabriel Albicocco. O gaulês, com esse nome foneticamente premonitório, veio ao Brasil atrás de Vinicius, na esperança de que o poeta escrevesse um novo *Orfeu da Conceição*, que anos antes ganhara o Oscar e a Palma de Ouro de Cannes. Só que Vinicius estava em turnê com Toquinho pelas universidades do Brasil. Bebia antes de entrar em cena, para se preparar para o espetáculo; depois bebia durante o espetáculo, para manter a animação; depois bebia no fim da noite, para celebrar. Não lhe sobrava tempo para escrever. Albicocco já havia gravado a trilha sonora do filme, com grande orquestra. Roteiro? Nem sombra. Até que percebeu a inutilidade de seu esforço e desistiu do filme. Mas continuou morando aqui, em sua França Antártica.

Com o convívio eu descobriria por que Vinicius estava tão à vontade na casa de Norma e Cecil, no sofá forrado de plástico que à noite devia lhe servir de cama. O poeta conseguia dormir em qualquer circunstância. Na Carreta, depois do almoço, enfileirava três ou quatro cadeiras — e eram cadeiras toscas de madeira, sem o menor conforto — e se esticava ao longo delas. Às vezes deitado no colo de alguma alma boa, ou de uma das filhas, ou de sua amada. Creio que o uísque lhe servia de sonífero.

O poeta era desapegado às coisas materiais. Adorava pagar a conta para os amigos sem grana, como era o meu caso, e até mesmo para quem tivesse grana. Costumava sair de suas relações amorosas só com a roupa do corpo. Seu desapego era tamanho e tão visível que me chamou a atenção que ele enviasse uma embaixadora, semanas depois de cada separação, para recolher o retrato que Candido Portinari havia feito dele, suponho que nos anos 1940. Me pareceu que fosse o último vestígio narcísico, a única volúpia de posse de um poeta que falara do amor ao próximo (e, mais ainda, à próxima) com tamanha delicadeza e sinceridade. Só há pouco a jornalista Maria Lucia Rangel, amiga de Vinicius, me esclareceu por que ela foi tantas vezes encarregada de resgatar o Portinari. Não porque Vinicius quisesse guardar o seu retrato, mas porque o tinha dado de presente a Susana, sua filha mais velha.

O desapego a tudo não era recente. Numa separação anterior, o poeta fora visitado por Paulo Mendes Campos, seu parceiro em porres babilônicos e num soneto a quatro mãos. Paulo ficou surpreso com as precárias condições do novo apartamento de Vinicius. Não tinha sequer geladeira. E Paulo, autor de um poema que fala de sua mãe abrindo a geladeira "com um gesto anterior às geladeiras", lhe perguntou:

— Vinicius, como você consegue viver sem geladeira?

— Não tem problema nenhum, Paulinho.

— E a água gelada? Com esse verão, como você faz?

Vinicius conduziu Paulo até uma janela e lhe mostrou o segredo da refrigeração imaginária: uma moringa. Paulo perguntou:

— E daí? Qual é o segredo da moringa?

— A moringa refresca a água, todo mundo sabe.

— Mas, nesse calor de fritar passarinho, refresca pouco.

Vinicius fez cara de rei da engenhosidade, piscou o olho e exibiu ao amigo uma caixinha de metal:

— Bebo água da moringa, depois ponho na boca uma pastilha Valda. Te juro que fica fresquinho!

Vinicius só tinha um defeito grave: devia ter uns dezoito fígados. Ninguém tinha condições técnicas para acompanhá-lo no halterocopismo. Não por acaso, foi o poeta quem difundiu entre os artistas e seus satélites a prática da desintoxicação anual, depois imitada por seu parceiro Baden Powell. Os dois se internavam, mas costumavam fugir no princípio da noite, para voltar de madrugada, anjos bêbados.

Foi numa dessas internações que compuseram, lá mesmo, o "Samba em prelúdio":

Eu sem você não tenho por quê
Porque sem você não sei nem chorar
Sou sombra sem luz, jardim sem luar...

Quando terminaram, Vinicius achou que a música havia ficado tão bonita que não podia ser deles: tinha pinta de Beethoven. Baden ficou abalado com a hipótese de não ser dele a melodia, tampouco a harmonia que havia extraído do violão. Em desespero, passaram ambos a fazer consultas pelo telefone a especialistas em música erudita. Até que Vinicius, num lampejo de lucidez, se lembrou de seu amigo Lúcio Rangel, que, apesar de crítico de música brasileira, entendia de jazz e de Beethoven. Telefonou trêmulo para Lúcio, que pediu que lhe tocassem a música ao telefone. Baden apressou-se em fazê-lo, enquanto Vinicius cantarolava a melodia e a letra. Ao final da audição, Lúcio decretou:

— Pode ficar tranquilo. A música não é de Beethoven, é de vocês mesmo. E é uma beleza.

Tomamos porres memoráveis, outros imemoráveis, por excesso de álcool. Certa vez eu estava na casa de um casal de amigos, numa pequena reunião sem pretexto — naquela época havia tempo para isso. A turma era composta por três compositores, duas cantoras e uma poeta. A conversa começou cedo, lá pelas cinco da tarde. Em torno das seis, seis e meia, Vinicius apareceu na sala, vindo de dentro da casa, vestindo calça de tergal escura, meias pretas e blusa de *banlon*, tudo isso em pleno verão carioca. Parecia um urso extraviado em Copacabana. Tinha acabado de fazer a sesta na cama do casal. Chegou à sala, onde nos cumprimentou a todos. A dona da casa, amável, perguntou:

— Dormiu bem, Vinicius?

E o poeta respondeu:

— Adorei sua caminha, neguinha. Tirei uma soneca tão boa que me deu até vontade de tocar uma punhetinha.

Depois da fala sincera e libertária do poeta, ele se incorporou à roda dos bebedores, já recuperado de sua rodada alcoólica matinal. À noite fomos jantar num restaurante na Ataulfo de Paiva, perto do Antonio's. Suponho que se chamasse Mario's e que tivesse um bar anexo. No fim da noite, me lembro de contemplar nossos amigos e amigas derrubados, nocauteados, perfeitamente bêbados, ainda que simulando lucidez. Não revelo seus nomes porque, brasileiros que somos, raramente assumimos as travessuras do passado.

Vinicius olhou ao seu redor, viu que não tinha mais companhia para o diálogo, com exceção de minha embriagada pessoa. E, com ar de grande circunspecção, disse:

— Neguinho, tem hora que eu não aguento mais beber uísque...

Me senti representado por sua fala e respondi com sinceridade total:

— Nem eu...

Vinicius meditou por um instante. Voltou à carga:

— Sabe o que eu acho que a gente devia fazer, neguinho?

— O quê? — perguntei ingenuamente, supondo que ele fosse sugerir que fôssemos cada qual para sua casa, tomássemos dois Engovs e um analgésico e dormíssemos com a esperança de que a ressaca nos fosse clemente.

Vinicius olhou pra mim, sorrindo, percebendo a minha ingenuidade. E propôs:

— Vamos tomar um Bloody Mary?

Senti as vísceras embrulhadas. Pensei: "Bloody Mary, a esta hora?" Que fazer? Respirei fundo e pedi ao garçom que nos trouxesse dois. Quando a bebida chegou, porém, Vinicius olhou com repugnância para os copos e reprovou com veemência o que viu:

— Não é nada disso, neguinho.

Chamou o *maître*.

— Fulano, traz dois Bloody Mary do jeito que eu gosto.

Daqui a pouco o *maître* trouxe a encomenda: dois baldes de vodca, com um pingo de molho inglês, uma mísera gota de suco de tomate e um solitário gomo de limão à deriva nos copos gigantescos. Não me lembro de mais nada. Suponho que, depois disso, veio o Dilúvio.

Durante o casamento de Vinicius com Marta Santamaría, que todos chamávamos de Martita, fui visitá-lo diversas vezes, com ou sem pretexto. Para fazer uma antologia de suas letras, que me fora encomendada pelo editor Gastão de Holanda. Para entrevistá-lo para a revista *Manchete*. E, sobretudo, para conversar fiado. Ele queria gravar um chorinho que Eduardo Souto Neto e eu tínhamos composto alguns anos antes. Ele disse que gostava da letra, mas queria mudar um verso, que não rimava com os demais. Expliquei que havia suprimido a rima de propósito, para que o personagem da letra mostrasse que havia mudado sua visão de mundo. Anos mais tarde, Vinicius gravaria o chorinho, acrescentando o verso que queria.

Ao completar 60 anos, o poeta confessava aos amigos em tom de brincadeira:

— Neguinho, estou entrando na prorrogação.

Era verdade. Sua saúde começou a ratear.

Visitei Vinicius pela última vez no início de 1980, já casado com Gilda de Queirós Mattoso, sua derradeira amada. Tinha ficado doente. Se não me engano, foi hidrocefalia. Começava a se recuperar. Tomava aulas de violão. Estava bonito, desinchado, animado para ir a um encontro de poesia em algum lugar do mundo.

Conversamos durante a tarde toda. Vinicius me contou uma história rocambolesca, sobre um funcionário de embaixada que toma um porre colossal e desperta trancado na sala de uma grande dama francesa. Depois me contou a história de novo, assumindo ele próprio o papel do funcionário. Depois, mais uma vez, com algumas variações. De repente, voltou-se para mim e perguntou:

— Neguinho, já te contei essa história hoje?

Não tive coragem de ser insincero:

— Contou, Vinicius. Três vezes.

Ele suspirou, com melancolia:

— Agora estou assim... Não me lembro mais das coisas...

De repente, foi tomado por um sopro de otimismo e arrematou:

— Em compensação, não tenho mais rancor, ressentimento. Sou um homem livre dessas besteiras todas...

E brindamos ao esquecimento, que nos libertaria de todo o mal que porventura desejamos à moça que não nos amou, ao patrão que não nos pagou, aos desmandos da vida política brasileira — enfim, bebemos ao fim de toda memória que não merecesse sobreviver ao oblívio.

Poucos meses mais tarde, a caminho do cemitério São João Batista, eu pensava na onipresença de Vinicius entranhado na história da poesia e dos afetos do Brasil.

Foi um enterro estranho. Ficamos todos muito tristes, mas não havia desespero. Vinicius havia vivido de forma plena, jamais se guardou das paixões, correu todos os riscos, conheceu a graça e a dor do amor que nasce e, de repente, se desfaz. Além disso, a memória das palavras de Vinicius estava entranhada para sempre em nós e na história das gerações passadas e futuras da arte brasileira. Cantávamos em coro, sorrindo e chorando, suas canções. A despedida foi "Se todos fossem iguais a você".

Vinicius, filho de Oxalá, era um morto sem metafísica. Suas palavras continuavam entre nós, não era papo de pastor. Por via das dúvidas, me lembrei de uma reza forte, escrita por ele para saudar a partida no barco da Grande Mãe: "Notre Dame de L'Amour, iluminai nossos vitrais, levantai âncora ó galera gótica dos meus martírios vossos santos aos remos o Corcunda no mais alto dos mastros Jesus na torre de comando e buscai serenamente o grande caudal no qual me abandono náufrago coberto de flores em demanda do abismo claro e indevassável da morte."

ACADEMIA DE DANÇAS (2)

Minha professora de literatura portuguesa era Vilma Arêas. Ela cismou que meu nome era Claudio, só me chamava assim. Toda vez que me convocava, eu respondia de bom grado, sem esclarecer a troca. Me lembrava da lição do poeta Mário de Sá-Carneiro: "Eu não sou eu nem sou o outro." No fim do semestre, Vilma perguntou à turma: "Por que é que vocês riem tanto sempre que peço ao Claudio pra falar?" Ficou atônita quando soube que meu nome não era Gal, nem Claudio. Tomamos porres monumentais em diversos botequins da cidade.

Outro professor meu camarada era Junito Brandão. Conhecia de cor grande parte da literatura grega e latina. Promovia viagens anuais com grupos de alunos para mostrar, *in loco*, as maravilhas da Antiguidade. Adoraria conhecer, com a ajuda do hipertexto do Junito, monumentos que não mais existem, o Colosso de Rodes, a Biblioteca de Alexandria, o túmulo do Mausolo, o sátrapa, enterrado junto à senhora dele, Artemísia, que devia ser uma gracinha.

A aula mais divertida, no entanto, era a do Cacaso, aliás Antônio Carlos de Brito, mineiro de Uberaba, morador da avenida Atlântica. Cacaso usava cabelo Chanel, óculos à John Lennon, imensa bolsa a tiracolo e sandálias de sola de pneu. Dono de uma ironia devastadora. Nada escapava ao seu sarcasmo.

O encontro semanal não tinha bibliografia, tema ou fala inicial do professor. Era uma espécie de roda de samba em que rufavam tambores e repicavam os tamborins do delírio à espera de uma inspiração qualquer. Não raro o processo demorava a engrenar. Nadávamos no caos até que se manifestassem os orixás da Grécia ou da Bahia. Cacaso não temia o vácuo: parecia gostar da navegação às cegas, sem bússola, astrolábio ou estrela da manhã. Falávamos de tudo, até de literatura. As sessões mais animadas continuavam no bar do campus. Entre um chope e outro aprendíamos alguma coisa sobre Georg Lukács, o guru do Cacaso.

Havia duas facções no Departamento de Letras: os *lucacasianos*, seguidores de Cacaso-Lukács, e os *luistrossianos*, seguidores de Luiz Costa Lima e Lévi-Strauss. Com a chegada de Silviano Santiago, influenciado por Jacques Derrida, criou-se a terceira vertente. Até hoje não consegui tomar partido, porque todas as conversas tinham defensores interessantes. Sei que ganhei amigos e amigas, entre as quais Beatriz Borges, que me tolera até hoje.

Minha diversão de aluno anarquista era escrever trabalhos satíricos sobre autores do cânone. A primeira vítima foi José de Alencar, que, a meus olhos pós-adolescentes, era muitas vezes kitsch. Seus indígenas, mais colonizados do que o cacique Juruna; seus melodramas, prontos para se transformar em telenovela. Gostei de *Iracema*, sobretudo por um pé de página em que ele compara o canibalismo à comunhão católica. Escrevi um texto sobre a erotização involuntária do discurso alencariano. Quando surge na narrativa um símbolo fálico — por exemplo, a serpente que passa diante da menina, em *Til* —, o narrador é obrigado a se conter para não ferir os escrúpulos da moralidade, mas sua linguagem se torna crivada de imagens fálicas e atos falhos. Freud, se soubesse português, ia fazer uma festa com seus textos.

Também havia uma matéria comandada por Affonso Romano de Sant'Anna sobre a sexualidade na poesia brasileira. Tentei em vão decifrar algumas imagens de Manuel Bandeira, como "A Dama Branca", que podia ser a alegoria da morte, mas também alusão cifrada à cocaína. Quem sabe as duas coisas? Na hora de fazer o trabalho final, escrevi sobre *Drácula*, de Bram Stoker. Meu enfoque era a relação das raparigas de Londres com o conde, e de como a mordida no pescoço era uma metonímia do ato sexual. Affonso me deu nota 8.

Vinte anos depois o encontrei num restaurante e reclamei da nota. Affonso recebeu minha crítica com elegância. De saída do restaurante, porém, tomou satisfações:

— O curso que você fez comigo era de literatura brasileira?

— Era — respondi.

— Você escreveu sobre Bram Stoker, um romancista irlandês de terceira categoria, não foi?

Pus o rabo entre as pernas e respondi:

— Foi.

E ele, senhor da razão, concluiu:

— E eu ainda te dei nota 8! Devia ter dado 0!

Fiz autocrítica instantânea:

— É verdade...

Mas pensei: "Na próxima, escrevo sobre *Meu pé de laranja-lima.*"

***

Certa vez Affonso e Silviano coordenaram um curso sobre criação literária. Os alunos eram meia dúzia de sete ou oito escritores, todos já publicados. Entre os palestrantes, Pedro Nava e Clarice Lispector.

De Clarice, eu não saberia reproduzir as palavras, nem o sotaque, mistura de ucraniano com pernambuquês. Parecia uma agente secreta russa recém-chegada ao Ocidente. A ideia central de sua fala era de que o escritor escreve por imposição de forças poderosas, inexplicáveis. Contou que ouvia vozes e que essas vozes ditavam o que ela devia escrever. Era a heroína de todos nós, autora de alguns dos textos mais notáveis da língua; confesso, contudo, que não compreendi suas ideias.

Anos depois, descobri que Clarice tinha toda a razão. Os textos não pertencem aos autores: são sussurrados por vozes desconhecidas — as de Clarice, estupendas. Quando ela morreu, sugeri a Silviano e Costa Lima que estudássemos *A hora da estrela*, seu último romance, um dos mais contundentes sobre a desigualdade brasileira, curiosamente escrito pela mais lírica e introspectiva de nossos prosadores.

Não havia perspectiva profissional para nós, estudantes de letras, a não ser o magistério. Me lembro de pensar com admiração em Virginia Woolf, sustentada por sua pensão anual de 500 libras, como ela revela no ensaio *Um teto só para si*, e de compará-la com minhas brilhantes colegas, que tampouco se encaixavam nos moldes da mulher à antiga, à espera de um cavaleiro andante. A maioria delas se rebelou contra essa moldura e foi brilhar na diplomacia, na literatura, na vida.

Para ganhar a vida e também por gosto, aceitei encomendas para letras de música, artigos de jornal, entrevistas e ensaios. Certa vez fiz um artigo para os Cadernos de Jornalismo e Comunicação do *Jornal do Brasil*. Quando fui receber o cachê, encontrei na fila um velho magro e elegante, de crânio alongado e sorriso contido, enfarpelado num terno de risca de giz: Carlos Drummond de Andrade. Foi a única vez que o vi. Pensei de novo: "Ó vasto mundo, se eu me chamasse Raimundo e tivesse um décimo do talento dele, façanha improvável por todos os motivos, estaria nessa mesma fila daqui a sessenta anos. E teria que trocar o jeans pelo terno."

Também passei a escrever resenhas de livros para o *Jornal do Brasil*, por indicação de Luiz Felipe Baeta Neves, e para o semanário *Opinião*, a convite de Luiz Costa Lima. Entre outros, resenhei o livro *Armadilha para Lamartine*, de Carlos Sussekind, um diário sobre a internação do autor numa clínica psiquiátrica. Meu sexto sentido talvez tenha soprado que a experiência dele me seria útil. Será que todas as almas sensíveis tinham que passar uma temporada no inferno?

ADIÓS, MUCHACHO

Nessa época embarquei no teatro. Por encomenda de Egberto, pus letra na "Canção do Solveig", de Grieg, para um espetáculo protagonizado por Fernanda Montenegro, *Seria cômico... se não fosse sério*, ou *Play Strindberg*, de Friedrich Dürrenmatt.

Aliás, espremendo os miolos, lembro que nossa primeira aventura teatral acontecera pouco antes, em 1972, quando fizemos três canções para a peça *Encontro no bar*, de Bráulio Pedroso.

Fomos nos reunir com o dramaturgo, na rua Sambaíba. A atmosfera não era das mais simpáticas. Bráulio tinha o sonho de se tornar letrista, já havia esboçado todas as letras de sua peça. O diretor do espetáculo, Ruy Guerra, que já escrevera letras para canções de Francis Hime, Edu Lobo e Chico Buarque, seria a escalação óbvia. Aos 19 anos, eu era uma escolha excêntrica.

Bráulio deve ter me encarado com má vontade. Em compensação, Marilda Pedroso, então sua mulher, tornou--se minha amiga instantaneamente. Como descrevê-la? Brilhante, ousada, bela. Ninguém ficava indiferente à sua passagem. Era amiga de muitos dos poetas e intelectuais de São Paulo, sobretudo de Hilda Hilst. Os camaradas paulistanos diziam que quando as duas entravam sozinhas num bar da Pauliceia, o que ainda era raro no final da década de 1960, os homens faziam silêncio em homenagem à beleza, à altivez e à suposta petulância de ambas.

Poucos meses depois do encontro, Bráulio se tornaria meu irmão mais velho — e, às vezes, mais moço. Tínhamos vinte e um anos entre nós, mas ele conservava uma juventude permanente. Já eu era meio velho, só fui remoçar mais tarde. Depois não teve jeito: envelheci por fora. Por dentro, como diz o poeta William Butler Yeats, continuo navegando para Bizâncio. No passado Bráulio fora editor da página de arte do jornal *O Estado de S. Paulo*. A atriz Cacilda Becker tornou-se sua amiga e cismou que ele devia escrever para o teatro. Encomendou-lhe uma peça. Gostou. Chegou a encená-la no palco que havia em seu apartamento. A terceira peça de Bráulio, *O fardão,* conquistou o Prêmio Molière. Era a tragicomédia de um escritor que só pensa em entrar para a Academia Brasileira de Letras, coisa que não fazia parte dos planos dele.

Por falta de grana, Bráulio aceitou o convite para escrever *Beto Rockefeller*, primeira novela contemporânea do Brasil, crônica picaresca de um falso playboy que pretende subir na vida enganando a alta burguesia paulistana. Até então, as telenovelas se passavam em outras épocas e cenários exóticos, num Marrocos desprovido de camelos, ou num México *fake*. Bráulio provocou um choque de realismo e inteligência. Até lá em casa, em que não tínhamos hábito de assistir à TV, ficamos viciados em assistir aos seus diálogos irônicos. O sucesso foi tanto que a TV Globo o contratou e o trouxe para o Rio.

Bráulio tinha a visão dramatúrgica do mundo. Descobria na hora o nó dramático de todas as histórias. Poderia reescrever a frase de um antigo comediógrafo: "Nada do que é humano me é estranho." Para o Bráulio, tudo o que era humano lhe parecia estranho. Suas novelas eram corrosivas. Denunciavam a hipocrisia, punham a realidade de pernas para o ar. Todos os seus projetos rompiam com os cânones. Muita gente concorda que é o dramaturgo mais inovador da TV brasileira.

Graças ao Bráulio conheci parte das gerações anteriores do teatro. Desde o gênio Grande Otelo até Walmor Chagas e Lilian Lemmertz. Fiquei ancorado para sempre no mar do teatro, mais divertido do que outros em que já navegara.

No futuro, Bráulio me chamaria para ser seu parceiro no teatro e na TV. Em minha defesa, sempre aleguei que não entendo de dramaturgia. Ele retrucava que quem escreve poemas é capaz de escrever qualquer coisa. Só que a poesia não sopra a toda hora. O debate durou alguns anos, mas, quando lhe mostrei o texto de um musical escrito em circunstâncias que explicarei no futuro, Bráulio decretou que eu era dramaturgo, e ponto final.

Em outro futuro menos remoto, viajaríamos aos Estados Unidos para pesquisar a vida e as façanhas de Carmen Miranda. Ainda não tenho condições existenciais de relatar nossas peripécias peripatéticas entre os mundos do cinema e do jazz, entre a casa de Herbie Hancock, a de Maria Booker e os estúdios da Califórnia. Se as relatasse, provavelmente perderia o privilégio de vossa leitura. São aventuras impróprias para menores de 69 anos.

Bráulio e eu escrevemos juntos um musical chamado *Lola Moreno*, com música de John Neschling. Johnny se tornaria meu parceiro a partir do samba-choro "Rita Baiana", que escrevemos para a versão cinematográfica do romance *O cortiço*. Em *Lola Moreno*, Lucélia Santos fazia uma personagem semelhante a Carmen Miranda, que se torna estrela do rádio e, depois, do cinema americano. Ney Latorraca fazia um galã radiofônico, recriava em clima circense as cenas que escrevêramos sobre os bastidores do rádio e, com Grande Otelo, seu comparsa, inventava gagues hilárias. Quando Lola partia para Hollywood, as lágrimas de Ney caíam com estrépito no palco do Teatro Ginástico. Nossas canções do espetáculo foram gravadas depois por Ney Matogrosso, Olivia Byington e Zezé Motta.

Na verdade, todos os projetos artísticos que Bráulio inventava eram pretextos para o convívio com os amigos mais próximos: Camila Amado, Stepan Nercessian, Egberto Gismonti e eu. Certa vez, resolveu variar de parceiros e chamou Edu Lobo e Vinicius para fazer as músicas de uma nova peça. Depois de dois dias, tomou um porre e se arrependeu. Explicou a Edu e a Vinicius que queria mesmo era fazê-la com Egberto e comigo. Vinicius, num momento de generosidade e/ou preguiça, compreendeu e declarou: "Tudo bem, neguinho. Faz com eles, sim. Eles também vão fazer direitinho."

Já Marilda criou e dirigiu um espetáculo chamado *Laços*, creio que inspirado num livro de poemas do antipsiquiatra Ronald Laing. Edu Lobo e eu fomos chamados para fazer a música-tema.

O homem que amava as mulheres

Meu amigo Bráulio era um *womanizer*, como dizem os ingleses, ou *homme à femmes*, como dizem os franceses. Namorador, como dizemos nós. Mallarmé escreveu um poema chamado "L'après-midi d'un faune". Imagino que a coreografia de Nijinski, engendrada a partir da música de Claude Debussy, reproduzisse os gestos entorpecidos e preguiçosos do fauno que acaba de fazer a sua sesta, depois de uma manhã que passara correndo atrás das ninfas.

Bráulio vivia tão maravilhado com o desfile das ninfas pós-modernas pelos bosques do Rio que o apelidei de fauno sem *après-midi*. Mas não era só o desejo faunesco que o movia: ele não tinha o menor resquício de machismo. Adorava a companhia feminina. Tinha mais de uma dezena de amigas, numa época em que ainda era clichê dizer que não há amizade entre mulheres e homens.

Também era um sedutor compulsivo, é verdade. Tinha um talento notável para comover suas interlocutoras, como se conhecesse o segredo de sua força e de sua fragilidade. Bastavam duas doses de vodca para que ele iniciasse a conversa e, muitas vezes, se apaixonasse. Sinceramente. Estabelecia uma relação de simpatia, despida da onipotência dos machos, com a peculiaridade de que, por um desastre físico e sentimental, ficara privado da articulação de uma das pernas. Passara cinco anos de cama até que arrefecesse a sua espondilite anquilosante — mal que o acometera aos 13 anos e cristalizara parte de sua coluna e de uma das pernas, estorvando-lhe em parte a capacidade de caminhar. Isso talvez despertasse a curiosidade das mulheres, que, em sua escassa mobilidade, tivessem a esperança de encontrar um fauno menos agressivo que os outros, que não as ameaçasse com a força, e fosse, além disso, dotado da capacidade de amar e compreender, mesmo que por um momento breve, incendiado pelas chispas do álcool. Bráulio tinha o dom raro de dialogar com o que as mulheres mais prezam: a fantasia.

Certa vez me convidou para almoçar com uma ex-namorada de São Paulo. Aliás, ex-amante, como se dizia em São Paulo e na Copacabana dos anos 1950. Uma mulher por volta dos 50, muito bonita. Parecia atriz de filme de Bergman. No rosto, uma melancolia irremediável. Falava devagar, como se tivesse abdicado da vida e já tivesse provado todas as emoções, como se a felicidade estivesse aprisionada num passado que se esfumara e o futuro fosse um labirinto de tediosas repetições das glórias que havia vivido. Seu nome, Hilda Hilst.

Ela me deu dois de seus livros, o primeiro, *Kadós*, uma prosa experimental de inspiração joyciana; o outro, uma coleção de poemas semelhantes ao repertório clássico, mas com um estrondo surdo de coisa que se estilhaça.

Hilda me perguntou se eu tinha algum poema no bolso. Por acaso, tinha um novinho em folha. Ela leu e disse que gostou. Só sugeriu que eu suprimisse a palavra xoxota, que lhe pareceu demasiada. Disse que o poema ficaria melhor se eu a mantivesse subjacente. Concordei, cortei a palavra.

Dez anos mais tarde, ela publicou uma série de livros docemente eróticos. Para minha estupefação, estavam nele quase todas as palavras consideradas obscenas. Pensei em lhe enviar um telegrama, reclamando: "Quero a minha xoxota de volta." Desisti. Esperei encontrá-la de novo para reclamar pessoalmente. Em vão. Nunca mais nos cruzamos.

O Alto e o Baixo

Se não me engano, foi no princípio dos anos 1970 que se consagrou o Baixo Leblon. Não sei quem inventou o topônimo, mas imagino que ele tenha surgido quando se tornou comum a construção de edifícios ao redor da encosta do morro Dois Irmãos, e assim se criou a ideia do Alto Leblon e, por oposição, o Baixo. Antonio Callado morava na divisa entre os dois mundos, na rua Aperana. Ainda não o conhecia na adolescência, em meados dos anos 1960, embora lesse seus livros na biblioteca de meu pai.

De volta à adolescência, me lembro que, na mesma rua Aperana, morava uma menina da minha idade, Norma, que era *matchmaker*, palavra dificilmente traduzível para as expectativas juvenis. Por acaso, Norma me escalou para dar meu primeiro beijo oficial em Antonia Callado, a filha mais nova de Antonio. Pus meu melhor figurino e fui me encontrar com minha prometida no final da tarde, em frente ao portão da casa de Norma. Demos nosso beijo protocolar, cada um de nós cumpriu o papel que lhe fora designado; depois, como não sabíamos o que dizer, cada qual foi para o seu lado.

Mais de dez anos depois, eu já conhecia Callado, por isso fui ao velório de Antonia, no cemitério São João Batista. Ele reagiu à morte da filha com a elegância de sempre. Nem essa dor terrível abalou sua atitude estoica diante da existência. Nas muitas vezes em que estivemos juntos depois, nunca tive coragem de lhe revelar o episódio.

Nem só de histórias tristes é feito o mundo. O Baixo Leblon, por exemplo, era o lugar da celebração da vida. Todas as facções da cultura brasileira andaram por lá. O centro do Baixo era um quadrilátero formado pelos restaurantes Guanabara e Real Astória, mais a lanchonete Bibi Sucos e o bar e restaurante Porto Mar, mais conhecido por Diagonal. Este último chamava-se assim porque ficava na diagonal do Real Astória, que era o lugar mais chique e caro da área.

Havia outros bares no Complexo Recreativo e Alcoólico do Leblon, o C.R.A.L. O Luna Bar, na mesma avenida Ataulfo de Paiva, e, mais abaixo, perto da fronteira de Ipanema, o Degrau e o Álvaro's. O último guarda em sua história uma mácula talvez imperdoável: um dos proprietários expulsou do salão Antonio Carlos Jobim, pela audácia de tocar violão, assim como o Hotel Toffolo, em Ouro Preto, expulsou de seu restaurante o herói maior de Tom, Carlos Drummond de Andrade, que aliás também foi expulso de seu colégio de padres em Nova Friburgo.

Meu point era o Diagonal. Não só meu, mas de quase todo o mundo das artes. O poeta Torquato Neto, uma das figuras centrais do Tropicalismo, não saía de lá — creio que morava nas imediações. Pouco antes de seu suicídio, me lembro que ele cultivava o hábito de morder o nariz de seus interlocutores, vampirismo nasal que exigia de seu único praticante a capacidade de hipnotizar a vítima, para em seguida mordê-la no septo, num golpe destro e veloz.

O Baixo era como Alexandria, Veneza ou Istambul: todo o mundo passava por lá. Me lembro de Nelson Cavaquinho tocando violão diante de Beth Carvalho numa tarde de verão. De Caetano Veloso *habitué* do Diagonal, e depois do Guanabara. De meu futuro parceiro Wagner Tiso, arquiduque da esbórnia, de onde ainda não havia sido resgatado por Gisele Goldoni. De Chico Buarque e Francis Hime jogando pôquer de dados num final de tarde. Da turma do Asdrúbal Trouxe o Trombone. De Marília Pêra e Marco Nanini, meus amigos e futuros parceiros de trabalho. De Zezé Motta, d'As Frenéticas, além das estrelas da TV, do teatro e da música.

No final dos anos 1970, o centro do quadrilátero se deslocou para o Real Astória, que passou a ser o bar preferido da rapaziada, com Cazuza a se pendurar, dia sim, o outro também, nos chifres da cabeça de touro que decorava uma das paredes do restaurante, enquanto do outro lado havia um bar em que tocava piano o compositor Luís Reis, remanescente de outros carnavais e da era do samba-canção. Foi por essa época que a calçada diante dos bares ganhou o apelido de Esquina do Ridículo, porque pagávamos muito mico por lá.

Se cultivasse a arte do anacronismo mencionaria ainda João Ubaldo Ribeiro empenhado em doutrinar os circunstantes do balcão do Diagonal, a pontificar sobre os males do tabagismo e os benefícios do casamento, e vice-versa. Essa cena, contudo, aconteceu vinte anos depois, e pretendo manter-me fiel à divisa do escrivão Pero Vaz de Caminha, jamais permitindo que "por afremosentar nem afear aja aquy de poer ma is ca aquilo que vy e me pareçeo".

***

Havia muitas histórias pitorescas e picarescas sobre os personagens principais do Baixo Leblon. Todo mundo tinha a aspiração de namorar todo mundo. Claro que ninguém conseguiu realizar esse ambicioso projeto existencial, mas todo mundo tentou. Cultivo o plano de escrever uma seleção das histórias do Baixo quando for bem velhinho, isto é, na semana que vem. Será um *Decamerão* à beira-mar. O título? *Memórias póstumas do Rio de Janeiro*. Plagiado de Machado de Assis. Se alguém reclamar, desligo meu futuro aparelho de surdez.

Feito em casa

Enquanto o Baixo Leblon explodia, e, para felicidade geral da nação lá de casa, eu abdicava do piano, Nando, meu irmão, começou a fazer músicas. Nos tornamos parceiros constantes. Foi um ato de grandeza da parte dele: sempre fui dos irmãos mais implicantes da segunda metade do século XX. Ele, em contrapartida, aguentou minhas chatices com paciência zen-budista.

Uma só vez perdeu a cabeça, empunhou uma faca de ponta e correu em minha direção. Quando vi que ele me olhava com os olhos faiscantes de Jack, o Estripador, corri até Hermelinda. Ela fez a mediação, convenceu-o de que assassinato não era bom negócio para a carreira de um adolescente, e assim me safei do único ataque de fúria de meu irmão.

A segunda canção de nossa parceria se chamava "Lady Jane", título chupado de Mick Jagger e Keith Richards, que o chuparam do romance *O amante de Lady Chatterley*, de D. H. Lawrence. Os dois protagonistas e namorados da história, Lady Chatterley e o guarda-florestal Mellors, trocam cartas de amor em que se referem às respectivas genitálias com os apelidos John Thomas e Lady Jane. Engraçado que ninguém jamais tenha comentado essa citação, por óbvia ou por demasiado obscura.

Nando e alguns de seus parceiros de aventura, entre eles Jaques Morelenbaum e Muri Costa, participaram de um Festival de Inverno, em Curitiba. Ao voltarem, a banda já tinha nome, endereço e telefone: A Barca do Sol. Nossa casa virou de novo centro cultural.

A sonoridade d'A Barca era peculiar. Tinha como característica os contrapontos de flauta e violoncelo, a mistura de rock 'n' roll com música andina, quase todas as canções em compasso de seis por oito. O primeiro disco do grupo, repleto de músicas nossas, foi produzido pelo Egberto. A música "Lady Jane" estourou nos rádios, como se dizia à época.

A cada ensaio, a sala lá de casa se enchia de admiradoras d'A Barca. Quase todas queriam namorar o Nando, que parecia Jesus Cristo e, ainda por cima, tocava violão. Só faltava multiplicar os pães e os peixes. Como ele tinha uma namorada firme, L., as meninas se contentavam em namorar o resto da humanidade.

Entre as tietes brilhantes d'A Barca do Sol, duas meninas muito jovens se tornaram minhas camaradas: Deborah Colker e Olivia Byington. Uma, pianista; outra, violinista. Ambas futuras estrelas.

Olivia é um capítulo à parte. A Barca do Sol fez show num colégio no Cosme Velho, e a chamou para cantar com eles. Ela devia ter uns 15, no máximo 16 anos. A sonoridade de sua voz de soprano com pimenta rock 'n' roll nos encantou a todos. Ganhei uma amiga fundamental para todas as estações do futuro.

Mais tarde fui nomeado produtor do segundo disco da Barca, pois já ocupara a função em três discos do Egberto. Também fui encarregado de negociar com a gravadora

Continental, cuja representante era Elisa, irmã da Olivia, 18 anos, brilhante como a irmã. Nenhum de nós discerniu entre as névoas do tempo como aqueles encontros acidentais teriam repercussão em nossa vida. Jamais poderia imaginar que eu me aproximaria tanto de Elisa que fabricaríamos nosso filho Joaquim em futuro próximo. Se bem que eu alimentasse dúvidas sobre a própria existência do futuro. Aos 21 anos, já me considerava veterano, ligeiramente decadente. E tinha certeza de que morreria de cirrose, aos 27, num conjugado em Copacabana. Por que Copacabana? Sei lá. Até para morrer eu era plágio de Antônio Maria.

Onde buscar consolo para tão sombrias previsões? No Diagonal, o botequim onde reinava Chico, o garçom mais popular do Baixo. Cúmplice das aventuras amorosas de uns, companheiro de porres de todos nós. Ele chegava a emprestar dinheiro a quem estivesse durango kid. Como quase todo craque do ramo, Chico prosperou e abriu dois restaurantes na década de 1990. Merece ir para o céu dos botequins.

FRENESI

As coisas também fervilhavam na PUC. Cacaso estava escrevendo, com o documentarista Eduardo Coutinho, um roteiro para Zelito Viana, baseado em *Os condenados*, de Oswald de Andrade. Não sei como nem por que o Zelito cismou de produzir uma coleção de livros de poesia. Era um ato de insanidade, mas vivíamos tempos loucos.

Cacaso convidou João Carlos Pádua e eu, ambos seus alunos, para participarmos da série. Chamou também seus amigos Francisco Alvim e Roberto Schwarz, que à época morava em Paris, onde escrevia sua tese de doutorado sobre Machado de Assis.

Logo na primeira reunião, procuramos o nome para nosso grupo de cinco livros. Houve várias sugestões, até que propus Coleção Frenesi. Era uma palavra meio cafona, extraída de um bolero fabuloso e também título do último filme de Alfred Hitchcock, que era bem ruinzinho, mas era um Hitchcock.

Só havia um problema: eu não tinha livro. Tive de providenciar um às pressas, escrevendo um poema que era uma colcha de retalhos inspirada em meus poetas favoritos. Fiquei chocado com minha impostura. Depois descobri que muitos começam assim, fingem tão completamente que acabam por enganar os outros e, em casos extremos, a si mesmos.

As reuniões em torno da futura Coleção Frenesi às vezes faziam com que eu me sentisse oprimido pela inteligência mordaz de meus parceiros. Troquei confidências a respeito com Chico Alvim, que experimentava a mesma sensação. Volta e meia um de nós se insurgia contra o deboche de que fora vítima, cogitava partir para a ignorância; o outro o apaziguava, dizia que ser exposto ao escárnio e ao achincalhe dos colegas faz parte da vida. Desde então nos autointitulamos A Ala Boba da Coleção Frenesi.

Pena que não nos ocorreu a ideia de chamar Ana Cristina Cesar para entrar na galera. Talvez porque, embora já fosse nossa colega da PUC, ela ainda mantinha em segredo seus textos que misturam prosa e poesia. Claro que Chico e eu a aprovaríamos com entusiasmo, e a Ala Esperta, formada por Cacaso e João Carlos, não se atreveria a barrá-la no baile. Ela saberia nos dominar.

Por trás da cortina de ironia, Cacaso tinha uma alma delicada. Basta ouvir as letras que escreveria mais tarde para dezenas de compositores, sempre de um lirismo total. Não bastasse, acolhia todos os maluquetes da cidade. Certa vez Vilma Arêas, algumas colegas e eu tomamos um porre diurno com direito a banho de mar. Chegamos molhados e bêbados à casa dele, no final da tarde, para comemorar a vida. Cacaso nos recebeu como se estivéssemos de fraque & cartola — que, aliás, foi um dos títulos que cogitamos para o lugar de Frenesi.

El día que me quieras

Empenhado até a medula em cumprir minhas novas tarefas literárias e existenciais, não havia tempo para estranhar as mudanças da maré da vida. De repente, em 1973, minha amiga Nana Caymmi me telefonou e disse:

— O Piazzolla está no Rio e quer fazer música com você.

Fiquei desnorteado: seria o mesmo Piazzolla do concerto a que eu havia assistido no Municipal? Era o próprio. Nana vivera alguns anos fora do Brasil e, em seu exílio voluntário, o conhecera. Fui ao hotel em que ele estava hospedado, com sua mulher, Amelita Baltar. Ambos haviam escutado o disco *Água e vinho*, do Egberto, e tinham gostado de minhas letras.

Piazzolla repetiu a pergunta:

— Você gostaria de fazer canções comigo?

Claro. Escrevi no mesmo dia dois textos. O primeiro, "A serpente de plumas", desapareceu de meus arquivos. O outro, "As ilhas", foi musicado por Piazzolla. No ano seguinte, Ney Matogrosso foi à Itália, para gravar com ele a nossa primeira canção, lançada como compacto anexado ao seu primeiro LP solo. Do outro lado do disco, Piazzolla musicara um soneto de Borges:

Ya no seré feliz. Tal vez no importa.
Hay tantas otras cosas en el mundo;

un instante cualquiera es más profundo
y diverso que el mar. (...)

Eu já havia lido quase todos os livros de Borges. Também suspeitava que ele reinventara a história do passado e do futuro. A hipótese seria confirmada por meu amigo Luiz Alberto Oliveira, cosmólogo, que atribui ao poeta contribuição decisiva para a construção de muitas ideias inovadoras na física dos séculos XX e XXI. Minha leitura era mais pedestre: atribuo a Borges a dissolução das fronteiras de gênero literário. Nunca se sabe se seu texto é um ensaio ficcionalizado, ou uma ficção ensaística, ou uma piada metafísica.

Certa vez fui chamado a falar sobre Borges, no início dos anos 1990, no consulado da Argentina, em companhia dos poetas Ferreira Gullar e Jorge Wanderley, que traduzira seus poemas. Declarei que dom Jorge Luis era um poeta pós-parnasiano que dividia o proscênio com um erudito excêntrico e um humorista inglês. A partir de sua leitura, não há mais solo seguro em que se possa pisar. A literatura ganha uma indeterminação inovadora e irremediável. Cito um trecho de um dos contos de *El Aleph*: *"No estoy seguro de haber escrito siempre la verdad. Sospecho que en mi relato hay falsos recuerdos."*

Conforme a lição do mestre, passei a duvidar que o disco de Ney e Piazzolla existisse, a não ser num dos mundos paralelos inventados pelo próprio Borges.

Piazzolla e Amelita se tornaram meus queridos amigos. Numa de suas vindas ao Brasil, o casal preferiu ficar hospedado conosco, no apartamento de Vera, a permanecer no hotel que lhe fora reservado. Nós os levamos para fazer os programas típicos da cidade: tomar caipirinha, comer feijoada, participar de um debate para o jornal *Opinião* — dos mais censurados da época.

Pedi a mamãe que fizesse um almoço em homenagem aos dois, feijão-tropeiro, torresmo etc. Chamei também alguns amigos, entre os quais Millôr. Fiquei na maior curiosidade de ver os dois dialogando. Piazzolla, com sua inteligência rápida como um raio; Millôr, o rei do bate-pronto. Imaginei que o encontro provocaria uma pororoca intelectual.

Ao chegarmos lá em casa, papai veio abrir a porta para conhecê-lo. Astor nascera em 1921; papai, em 1923. Piazzolla ficou surpreso com a juventude dele e lhe perguntou:

— *Cuantos años tienes?*

Papai, aos cinquenta, respondeu em tom de brincadeira:

— *Treinta y ocho...*

E Piazzolla, de bate-pronto:

— *No le pregunté la temperatura.*

Não houve o esperado diálogo entre os dois pistoleiros mais rápidos do Oeste. Millôr não tinha formação musical, e daí lhe veio uma admiração reverencial por quem era capaz de tocar e compor. Só entre amigos muito íntimos atrevia-se a cantar suas músicas favoritas, ou ousava relatar sua primeira experiência carnavalesca, quando, ao entrar pela primeira vez no baile mais elegante da cidade, ouviu os foliões a cantar um dos sucessos do ano: "Maior é Deus no céu e nada mais / Ai, ai, ai, ai / A falsidade neste mundo é muito grande / Por isso Ele na Terra não volta mais." Millôr percebeu, uma vez mais, que o mundo não faz sentido.

Parêntese paranormal

Quando se esgotou todo o repertório turístico do balneário do Rio de Janeiro, resolvi levar Astor e Amelita à casa de Herculano.

Herculano Seixas nascera no Porto, em Portugal, trinta e poucos anos antes. Era menino quando a família emigrou para o Brasil. Na chegada, sua mãe abriu uma pensão perto do Maracanã. Não tardou para que os vizinhos da Tijuca, de Vila Isabel e adjacências descobrissem que o menino sabia ler o futuro. Por isso, todas as manhãs formava-se uma fila de consulentes diante da pensão de dona Amélia, sua mãe.

Vera já havia me levado à nova casa de Herculano, em Brás de Pina, perto da igreja da Penha, em 1972. Na ocasião, ele jogou seus búzios e leu neles minúcias do meu passado. Acertou tudo. Fez previsões para os trinta anos seguintes, entre as quais a de que eu ficaria doente, de cama, em breve. Como eu tinha saúde de zebu de Uberaba, saí de lá mugindo meu ceticismo.

Duas semanas depois, caí de cama. Fiz raios X do pulmão e o médico diagnosticou um mal tão antigo que só consta dos registros arqueológicos da medicina: uma basite pulmonar. Me senti tão antiquado quanto a Dama das Camélias.

O episódio me fez lembrar de *Tutameia*, de Guimarães Rosa, o único livro que conheço que tem três prefácios. No último deles, o autor revela: "Tenho de segredar que — embora por formação e índole oponha escrúpulo crítico a fenômenos paranormais e em princípio rechace a experimentação metapsíquica — minha vida sempre se teceu de sutil gênero de fatos." E, especificando tais fatos, Rosa menciona sonhos premonitórios, telepatia, pressentimentos e até mesmo um romance inacabado que era idêntico a outro escrito por Gilberto Freyre — que nunca foi romancista, a não ser para provar a aventura paranormal do Rosa. Em suma, há mais coisa no céu e na terra do que sonha a nossa filosofia, que só se tornou vã em língua portuguesa por conta de um tradutor maluco.

Chegamos à casa de Herculano em companhia de Astor e Amelita. Ela entrou primeiro na sala dos búzios, acompanhada por Vera, enquanto eu contava a Piazzolla o pouco que sabia sobre os orixás e as religiões brasileiras de matriz africana. Ao fim de cinco minutos de consulta, Amelita saiu aos prantos, amparada por Vera. Antes que eu pudesse apurar qual o motivo de suas lágrimas, Herculano dirigiu-se a Astor:

— Agora, por favor, entre o senhor.

Piazzolla entrou. Entrei junto para traduzir a conversa. Herculano jogou os búzios e ficou perplexo com o que viu:

— O senhor tem hotel aqui no Rio?

Piazzolla assentiu. Herculano sentenciou:

— Vá imediatamente pra lá e chame um médico. O senhor está com um problema sério no coração.

Fomos às pressas para o Hotel Glória. Convocamos o médico e veio o diagnóstico: um princípio de infarto. Astor foi medicado e pôde fazer, dias depois, o concerto que havia sido programado. No fim do ano, porém, sofreu uma versão mais violenta do infarto, custou a se recuperar.

Tornou-se admirador de Herculano. Descobriu que era filho de Xangô e ganhou dele uma guia de seu santo. Passou a usá-la no pescoço. Percebi que o nome de seu orixá, Xangô, se parecia com a palavra tango. Feitos um para o outro.

BYE-BYE, BRASIL

Piazzolla cismou que deveríamos escrever uma ópera, semelhante à sua *María de Buenos Aires*. Sugeri como referência o poema "Don Juan", de Byron, que acabara de ler. Já havia lido a versão inaugural, de Tirso de Molina, e considerava curiosa a recorrência do tema em lugares e épocas distintas. Astor achou a ideia interessante, mas, depois de matutar, sugeriu que escrevêssemos sobre Eva Perón. Devo ter alegado que não entendia de ópera, não conhecia a história, tampouco a literatura argentina, à exceção de Borges, Cortázar e Sabato. Não tinha autoridade para escrever sobre a heroína nacional de lá. Mas quando se tem 20 anos e o parceiro é bom, a gente topa qualquer parada.

Só havia um problema: ele morava em Roma. Não havia tecnologia que permitisse o trabalho a distância. Em vista disso, ele me convidou para passar uns meses na Itália, durante os quais poderíamos escrever canções e nos dedicar à sonhada ópera.

Não havia como escapar. Eu tinha juntado um dinheirinho que me permitiria viver em Roma por um mês ou dois. Papai e mamãe fizeram questão de me dar a passagem. Vera decidiu ir comigo. Não nos demos conta de que nossa relação já estava desgastada, na vertigem daquele tempo em que tudo era veloz. Ela havia perdido pai e mãe nos anos anteriores, e me senti no dever de continuar solidário com suas perdas, ainda que não fosse mais o melhor parceiro de suas alegrias. Mas gostei da ideia de que ela fosse, mesmo porque ainda não tinha o hábito da solidão, a não ser na leitura e na escrita, em que o texto nos captura e nos conduz até uma dimensão em que nos sentimos alheios de nós.

Comecei a me despedir do Rio como se para nunca mais. Só então percebi que a cidade era meu sul, meu norte, minha praia, minha Xanadu. Me despedi de cada pedaço que me era caro. Fui duas ou três vezes ao Arpoador, onde ralei acidentalmente o braço nas asperezas do rochedo. Imaginei que fosse um pacto de sangue: guardei a cicatriz, indelével por muito tempo.

Antecipei misticamente os rituais de que sempre participei com certa relutância. Agora eu sonhava em galgar a Trilha do Bem-te-vi, no Morro da Urca. Subir as escadas da Penha, o que só fizera na infância, em companhia de minha mãe. Investigar novos recantos da Floresta da Tijuca. Celebrar o Réveillon do futuro, no qual talvez eu não mais estivesse aqui para oferecer uma flor a Iemanjá.

Visitei amigos que não encontrava havia séculos. Aproveitei cada gesto, cada conversa amigável, por temor de não mais rever o meu pequeno mundo. A obsessão pela ideia da morte — e por sua outra face, a vida — devo ter herdado das leituras de Cruz e Sousa e Edgar Allan Poe. Todos os encontros me pareciam prenúncio de meu não regresso.

Sofri com saudades prévias de tudo. Pressenti que não tinha vocação para Marco Polo, nem pra personagem de Júlio Verne. Comecei a chegar mais cedo ao Diagonal para desfrutar a companhia dos amigos ocasionais, a quem tratei com um ardor só justificável pela perspectiva da perda. Não admitia que pudesse me faltar um único momento da vida carioca, suas graças e tragédias. Descobri que meu cosmopolitismo era uma farsa. Eu era — e ainda sou — um total provinciano. Troco um passeio nos Jardins du Luxembourg por um piquenique em Paquetá.

Enfim, embarquei no DC-10 da Varig e, embora eu não soubesse chorar, meu coração viajou partido.

AGONIA E ÊXTASE

Amelita e Astor estavam à espera, em Roma, em seu fusca bordô com teto solar. Dali levaram-me direto para o Albergo dei Portoghesi, que seria minha residência nos meses seguintes. E fomos tomar café na Piazza Navona.

Astor e Amelita se encarregaram de mostrar algumas das belezas dos arredores. Ele me levou à igreja de San Luigi dei Francesi, pertinho do hotel, à época muito mal iluminada. Num dos altares laterais, Piazzolla enfiou uma moedinha, e *fiat lux*: Caravaggio esplendeu diante de nós. Roma é um bazar de espantos.

Depois conheci o loft em que eles moravam, na Via dei Coronari, 222, ao lado da Navona. Um apartamento charmoso, no segundo andar de um edifício do século XIX. Uma salinha com o piano, uma cozinha americana e, encarapitado nela, um mezanino onde ficava a cama do casal.

Meu hotel estava a uns quinhentos metros. Todo o chamado Centro Histórico de Roma girava em torno dali. Se eu andasse trezentos metros para a esquerda, chegaria ao Pantheon. Se atravessasse o rio Tibre e andasse trezentos metros, passaria pelo Castel Sant'Angelo e, mais um pouco, chegaria ao Vaticano. Trezentos metros para a direita, daria de cara com o túmulo do imperador Augusto. Só que eu era o pior turista do Ocidente. Não queria conhecer coisa nenhuma.

Jantamos numa *trattoria* na Via dei Portoghesi. O garçom ficou meu amigo, embora eu lhe falasse em italiano macarrônico, com duplo sentido. Para não expor os companheiros com meus desacertos no uso da segunda flor do Lácio, pedi a sobremesa em inglês, com prosódia de escocês bêbado ou de aborígene australiano. Pronunciei *dessert* com o acento errado. Astor riu e perguntou: "*A desert?*" E acrescentou: "Com ou sem camelo?"

No dia seguinte, despertamos às nove da matina. Tínhamos combinado de ir a Áquila, cidadezinha que ficaria famosa anos mais tarde por obra e graça do cinema americano. Em meia hora embarcamos no fusca bordô e entramos no admirável caos das autoestradas italianas. Piazzolla dirigia seu fusca como se estivesse numa pista de Fórmula 1. A frustração é que, quando chegávamos à velocidade máxima, uns 120 km por hora, passava zunindo por nós uma provável Ferrari ou Lamborghini, da qual víamos apenas o vulto avermelhado. Nosso camelo era lento.

Fomos subindo, subindo. À beira da estrada passavam vilarejos semelhantes a presépios, encastelados nos montes. Fazia um frio de gelar os ossos. Como só havia experimentado os rigores invernais de Petrópolis e Teresópolis, achei que estava perto do polo Norte. Vera trouxera um chapéu estilo russo, e me deu pra enfiar na cabeça. Piazzolla, gozador, me apelidou de Hermano Karamazov.

Passamos pelos arredores de Áquila, onde paramos para fazer xixi. Continuamos subindo. As placas informavam a altitude: 800 metros, 1.000, 1.200. Me deu vontade de voltar para o nível do mar, mas não podia desapontar meus cicerones. Piazzolla às vezes me olhava pelo retrovisor com um sorriso feroz. Será que ele havia concebido um plano para me transformar no Abominável Homem das Neves?

Que loucura, pensei. Tínhamos passado por uma cidade de médio porte, cheia de *trattorias*, por que não havíamos parado pra almoçar? O Astor continuava ao volante do fusca, montanha acima, com seu sorriso de Dick Vigarista. Quando já me conformava em virar churrasquinho de esquimó, apareceu no fundo do horizonte um botequim italiano de beira de estrada.

Havia aquecimento, graças aos deuses. Apenas duas mesas, ambas vazias. Descobri um *jukebox* na entrada do banheiro. Entre os discos disponíveis, o último de Piazzolla, *Libertango*, em que ele fazia duo com o saxofonista Gerry Mulligan. Foi só alimentar a engenhoca com a fichinha para que a música nos devolvesse à civilização. Comemos uns *rigatoni* com *mozzarella* e anchova. Em meio àquela desolação siberiana, a comida parecia um banquete.

De repente, Astor desapareceu. Esperamos alguns minutos. Nada. Perguntei a Amelita onde estaria o marido dela. Ela afirmou que não fazia a menor ideia. Procurei-o por toda parte: em vão. No banheiro? Nem sinal dele. Onde haveria se metido? Voltei à mesa e sugeri que fôssemos até o carro para verificar se ele tinha ido na frente.

Vesti sobretudo, cachecol e saí do restaurante. Sucedeu a primeira surpresa do dia: enquanto estávamos almoçando, havia nevado. O fusca estava coberto com os flocos da nevasca. Fiquei ali, fascinado com a visão da primeira neve, contemplando o tecido espesso e branco que só conhecia do cinema. Súbito, um petardo gélido e sólido me atingiu o pescoço. Voltei-me para ver de onde vinha: descobri que Piazzolla tinha me lançado uma bola de neve.

Então compreendi toda a trama. Começamos uma batalha gelada, sem compaixão e sem quartel. Devo ter levado umas vinte boladas, e, como não tinha *know-how* no esporte, só consegui devolver meia dúzia de arremedos de bolinhas esfareladas. Argentina 20 x Brasil 1.

Imaginei que voltaríamos a Roma ao fim da refrega, encharcados. Doce ilusão. Subimos mais e mais, até chegar ao vilarejo mais ermo dos Apeninos: Rocca di Cambio. Imaginei que o nome sugerisse a derradeira estação para troca das mulas, para quem quisesse empreender a travessia das montanhas. Pra subir aquela pirambeira, nem Aníbal com seus elefantes.

Quando atravessamos um dos túneis da estrada, vi a neve caindo do céu. Fiquei com cara de bobo, mineiro admirando o mar.

Anfitrião perfeito

Meus primeiros dias em Roma me fizeram conhecer Piazzolla mais de perto. Trabalhávamos toda tarde, a partir das 17h, diante do piano, na Via dei Coronari. Quando terminávamos uma canção, ele a escrevia com seus garranchos. Pedia que eu segurasse as duas folhas da partitura, para anexá-las uma à outra com fita durex. Tomava distância como se fosse um toureiro disposto a dar a estocada final no touro. Então corria em direção às duas folhas que eu mantinha unidas e as golpeava com o durex. O resultado, musicalmente, podia ser bom; mas em matéria de trabalho manual era lamentável.

À tardinha era hábito sagrado dele tomar um ou dois uísques. Lá pelas oito saíamos pra jantar com Amelita e Vera. Íamos a lugares simples, perto de casa, compatíveis com nosso orçamento. Depois caminhávamos nas imediações da Piazza Navona.

As caminhadas matinais serviam para manter em forma o coração de Astor. Às vezes descíamos o Tibre para o sul; outras, íamos na direção da Piazza di Spagna. Ele me mostrou Roma a partir de seu ponto de vista peculiar. Logo nos primeiros dias, me levou até uma praça que servia como estacionamento. Lá chegando, começou a bater palmas e gritar: "Eh, ladri! Ladri!" Como por mágica, dois rapazes saíram correndo em meio aos carros, enquanto

Piazzolla morria de rir. Achei curioso que os ladrões de Roma andassem sempre de lambretas e usassem camisas com listas horizontais. Era uma espécie de uniforme dos Irmãos Metralha.

Só em Roma descobri que Piazzolla tinha sido criado em Nova York. Por isso conhecia tão bem a prosódia da língua inglesa e era especialista em bolas de neve. Embora tivesse uma das pernas atrofiadas por uma doença da infância, fez parte de uma gangue de rua e adorava brigar com meninos de outras turmas. Praticou pugilismo, parece que tinha talento para o ramo. Até que um dia brigou com um garoto que lhe deu uma pancada tão forte que o fez desistir da carreira. Repetiu pra mim várias vezes o nome do companheiro de infância, mas só o associei à pessoa quando vi o filme *Raging Bull*, realizado anos depois. O menino da pancada poderosa se chamava Jake LaMotta e se tornaria campeão mundial.

No mês seguinte, eu mesmo testemunharia uma exibição fabulosa da destreza pugilística de meu parceiro. Estávamos em Palma de Mallorca, para o festival de música local. Astor e Gerry Mulligan foram convidados para se apresentar *hors-concours*. Piazzolla me chamou para assistir ao ensaio. A distância entre nosso hotel e o Festival era de uns trezentos metros. No meio do caminho, senti os pés latejando. Motivo: eu comprara meu par de sapatos novos ainda em Roma, com assistência técnica do Astor. Ambos desatentos e cretinos em matéria de compras. Resultado: os sapatos eram dois números menores que meus pés. Voltamos correndo ao hotel, onde calcei os sapatos velhos.

Apesar do contratempo pedestre, chegamos ao ensaio na hora marcada. Piazzolla se deparou com seu empresário, B. Olhou para o relógio e lhe perguntou, em italiano:

— Cadê o Mulligan?

O empresário respondeu:

— Não sei.

Piazzolla insistiu:

— Por que eu cheguei na hora e ele não?

E o pobre B., sem perceber que cometia um dos grandes erros de sua vida, replicou:

— Porque ele é americano, você é um subdesenvolvido.

Difícil explicar o peso semântico de cada palavra em cada época. Mas subdesenvolvido — ou *sottosviluppato*, como disse o italiano — era uma ofensa geopolítica. E Piazzolla nunca foi de levar desaforo pra casa. Baixou nele o espírito de Jake LaMotta, e ele começou a esmurrar a cara de B., dizendo coisas elegantes como:

— *Te mato, italiano hijo de puta!*

Seus punhos disparavam socos no nariz de B., encurralado em *clinch* entre duas fileiras de poltronas. Mais uma vez a Europa curvou-se ante a força do Terceiro Mundo. Depois de me deleitar com o combate, coube a mim simular civilidade e chamar meu parceiro à razão.

Fizemos algumas canções para esquentar a parceria. Pus letra numa melodia de Astor, que ganhou o título de "La soledad y algo más". Também letrei uma música novinha em folha, "Luz do tango". Em geral, ele preferia musicar meus textos. Assim fizemos "Muralha da China" e "Olhos de ressaca", ambas gravadas pelo próprio Piazzolla e cantadas por José Ángel Trelles. Me lembro de títulos como "Elvira Vargas" e "Sobre a verdura", cujos versos ainda bailam como ecos perdidos entre os sargaços da memória. Tenho prazer em guardá-las numa espécie de nebulosa onírica.

A essa altura Piazzolla já era conhecido como inovador do tango, mas ainda não tinha se tornado uma estrela planetária, como aconteceria depois. Nunca compreendi o motivo do ódio que lhe devotavam os tangueiros tradicionais. Pra mim, sua música lembra as progressões harmônicas de Bach. Creio que foi ele, no entanto, um dos inventores do que chamo de "modulação na moral", sem aviso prévio, contrariando as regras do cânone tonal. Uma das muitas mágicas de sua música.

Em Buenos Aires, a maioria dos críticos e choferes de táxi o acusava de traidor da tradição que vinha desde o tempo de Carlos Gardel e Alfredo Le Pera. Curioso que Le Pera tivesse nascido em São Paulo e Gardel em Toulouse, na França.

Os detratores de Piazzolla não imaginavam que ele havia conhecido o próprio Gardel em Nova York, em 1934. Astor me contou que seu pai, Vincenzo — o homenageado de "Adiós, Nonino" —, era fã do cantor. Tinha o hobby de entalhar bonecos de madeira. Pediu ao menino Astor, então com 13 anos, que fosse até o edifício Beaux Arts, em que Gardel morava havia quase dois anos. Sua ideia era que o menino Piazzolla entregasse ao cantor um boneco tocando violão, entalhado por Vincenzo em homenagem ao seu ídolo.

Na portaria do prédio, por extravagante obra do acaso, o menino Astor encontrou-se com um assessor de Gardel que perdera a chave da cobertura em que o cantor e seu grupo estavam hospedados. Percebendo que o menino era ágil e esperto, o assessor pediu-lhe que subisse pelas escadas de incêndio e abrisse a porta por dentro.

Piazzolla subiu as escadas e, ao entrar no apartamento, deparou-se com Alfredo Le Pera, que despertara mal-humorado. Em seguida, apareceu Gardel em pessoa. Astor aproveitou o encontro para entregar-lhe o boneco enviado por seu pai. Gardel gostou do presente e deu ao menino algumas fotos autografadas, uma delas com dedicatória.

Gardel soube que o menino tocava bandoneon. Ficou encantado ao vê-lo tocar e convidou-o para fazer uma minúscula participação em seu filme *El día que me quieras*, de 1935. Astor, que falava um inglês perfeito, tornou-se o guia de compras do cantor em Nova York e levou-o para almoçar na casa de seu pai.

Gardel começaria uma turnê pelo Caribe e pela América do Sul pouco depois. Convidou o menino Astor para acompanhá-lo, como assistente e, quem sabe, bandoneonista reserva. Vincenzo, apesar da admiração pelo cantor, não autorizou a partida do filho, então com 14 anos.

Foi uma sorte. Depois de diversas apresentações de despedida em Nova York, algumas delas com a participação de Astor menino, Gardel embarcou para sua turnê e, com ela, para a eternidade: o avião que o conduzia explodiu no aeroporto de Medellín, na Colômbia. Carlos Gardel e Alfredo Le Pera foram para o céu do tango.

CITTÀ APERTA

Comecei a trabalhar no libreto da ópera que Piazzolla encomendara. Não tinha experiência no ramo; meu texto era influenciado pelos autores do Teatro do Absurdo, Ionesco, Arrabal e Beckett. Na primeira cena, um militar de alta patente providencia o desaparecimento do corpo de Evita, que, em ausência, se tornaria objeto de veneração para os peronistas de todas as bandeiras, como o espectro de dom Sebastião no imaginário luso-brasileiro.

Para imitar Bertolt Brecht, então meu dramaturgo favorito, as cenas de meu *O retrato imaginário de Eva Perón* eram autônomas. Quase todas suscitavam canções. Piazzolla ficou entusiasmado e escreveu as duas primeiras. Uma delas sobreviveu ao caos e, por encomenda de minha querida Marília Pêra, foi gravada pelo grupo As Frenéticas.

Li todos os textos disponíveis sobre Evita, inclusive *La razón de mi vida*, autobiografia com toques melodramáticos. Também entrevistei a esposa do embaixador da Argentina junto ao Vaticano, que acompanhara Evita em turnê pelo mundo como assessora de etiqueta. Ela me contou detalhes pitorescos da personalidade da primeira-dama argentina, que parecia antever seu destino trágico. Mas confesso que eu estava mais interessado na lenda do que na realidade.

Por falar em realidade, chegaram notícias do Brasil e da Argentina. Em Buenos Aires, Diana, a filha de Astor, tivera seu apartamento invadido por agentes da polícia política. Seu marido, sindicalista gráfico, havia sido preso três meses antes. Ainda não sabíamos que ela seria forçada a passar oito anos no exílio. Teríamos um longo e tenebroso inverno autoritário pela frente até que a democracia regressasse, ao menos pela metade, à América do Sul.

Piazzolla acabara de ser convidado pela atriz Jeanne Moreau para fazer a trilha do seu primeiro filme como diretora. Ele cismou que eu devia fazer uma letra para uma futura canção-tema. Aleguei que seria estranho que um filme falado em francês tivesse uma canção em português. Mas ele era difícil de convencer. Combinei de ir a Paris me encontrar com ela para conversar sobre o assunto.

Recebi diversas cartas do Brasil. Difícil explicar para o leitor do século XXI como eram preciosas as cartas. Os envelopes traziam impresso Via Air Mail, o que já era um progresso. Antes de Santos Dumont e Saint-Exupéry (não por acaso dois santos), elas atravessavam o Atlântico de navio. Eram tão raras que os missivistas costumavam depositar nelas fios do próprio cabelo e até fragmentos de unha, para transmitir ao destinatário provas de sua afeição. Levavam uma eternidade, às vezes nem chegavam.

Uma carta de Eduardo Souto Neto relatou que Vinicius e Toquinho queriam gravar nosso "Choro de nada".

Egberto enviara carta em que também falava de nossas canções. Sugeria que eu fosse encontrá-lo em Los Angeles, para tratar das traduções de minhas letras para o inglês. À falta de quem encarasse a tarefa, eu mesmo as traduzi. Reproduzi nelas o vocabulário e a atmosfera dos poetas que lia à época. Poucas foram gravadas nos Estados Unidos. A cantora Sarah Vaughan, ao ouvi-las, disse que eram demasiado poéticas. Uma maneira gentil de dizer que eram obscuras.

Egberto também relatou que passaria por Paris, a caminho de uma gravação em Nova York. Combinamos de nos encontrar por lá no princípio do verão.

Outra notícia boa chegou em carta de minha irmã, Maria Elizabeth. Ela estava em Londres, estudando inglês, e combinamos de passar alguns dias juntos. Todos os meus caminhos conduziam a Paris. Só havia um pequeno problema.

Adeus, mundo cruel?

Comecei a passar mal na Piazza Navona, lugar perfeito para partir desta para outra melhor, a exemplo de John Keats na Piazza di Spagna. Só que, no meu caso, ainda não tinha escrito qualquer poema que prestasse e cultivava a esperança, talvez vã, de fazê-lo. Vale uma pequena recapitulação sobre a natureza do meu mal. Imprevidente, eu mantivera a dieta alcoólica d'aquém-mar, alicerçada nos destilados, agora acrescida dos fermentados europeus. Perpetrei também os abusos gastronômicos e existenciais que se me ofereceram no Velho Mundo, incompatíveis com minha estrutura física.

Como trabalho de madrugada, nunca cheguei a tempo do café da manhã. Meu desjejum era feito de queijo e uísque. Durante o almoço, em geral na companhia de amigos, bebíamos o vinho da casa. Nos fins da tarde, em companhia de Piazzolla, tomava uísque. No jantar, vinho de novo. Não admira que trouxesse em mim uma bomba-relógio prestes a explodir, a despeito de meus 22 anos.

Pensei com meus botões que era a idade perfeita para morrer. Aos 22 basta deixar para a posteridade alguns rabiscos e todos pensarão que você poderia ter sido uma Safo, sobre cujos fragmentos os decifradores do futuro se debruçarão em busca de lirismo e sabedoria. Como não encontrei minha edição bilíngue da editora Mondadori, reproduzo

exemplo achado na internet: "Cai a lua, caem as plêiades e /
É meia-noite, o tempo passa e / Eu só, aqui deitada, desejan-
te." Só que não sou Safo, nem nasci em Lesbos, embora meu
lado feminino tanto o desejasse.

Dormi com pontadas na barriga. Sempre tive a esperança de melhorar no dia seguinte. Todavia acordei grávido de
oito meses, com forte dor na altura do abdome. Vera saiu
para comprar remédio. Astor chegou à portaria do hotel a
bordo de seu fusca. O funcionário de plantão não falava inglês e eu não entendia bem italiano. Em nosso diálogo telefônico, ele insistia:

— *Il Signore Piazzolla vuole salire.*

E eu, sem saber que *salire* significava subir, replicava:

— *Salire, no! Per Dio!! Salire, no!*

Felizmente consegui embarcar no fusca-ambulância do
dr. Piazzolla. Fiz exames no único hospital confiável da cidade. Gastei boa parte de meus caraminguás. Um médico italiano, amigo do óbvio, foi enviado pelo Guima, nosso cônsul
em Roma, e me disse que havia um defeito nas minhas en-
tranhas. Claro, não precisava ser médico pra saber.

Já que não podia permanecer doente no hotel, fui
albergado por meus amigos Vânia e Marco Antônio de
Resende, então correspondente da revista *Veja*. Grandes
amigos. Passei mais de dez dias no apartamento deles,
sem diagnóstico e também sem comer, por prescrição e
precaução. Se fosse Dostoiévski, diria que vagueei por
trinta verstas na estepe deserta, sem dispor de um único
rublo no bolso de meu capote roto, enquanto o vento ver-
gastava o meu pobre rosto.

Imaginei que a circunstância do jejum pelo menos me propiciasse uma revelação metafísica, semelhante à de certos santos, que, talvez por passarem fome, passam a dialogar com o Pessoal lá de Cima. No meu caso, ninguém lá do alto se manifestou.

Na véspera da partida, o Guimarães, nosso amável cônsul em Roma, fez uma feijoada em seu apartamento. O médico italiano enviado por ele recomendara que eu não bebesse fermentadas e comesse com parcimônia. E, conhecedor das volúpias brasileiras, me advertiu:

— Só não coma feijoada, pelo amor de Deus!

Cheguei à casa do Guima e perguntei:

— Você tem parcimônia no bufê?

E ele, surpreso, respondeu:

— Parcimônia? Não...

Aproveitei a ocasião:

— Então vou de feijoada mesmo.

PARIS É UMA FESTA?

Cheguei à Gare Lyon, depois de atravessar os Alpes a bordo do trem Palatino. E, por fim, ao Hotel des Grandes Écoles, entre Saint-Michel e Montparnasse, onde me hospedei. Não havia vaso sanitário ou chuveiro no quarto, mas, para compensar, me deparei com uma das maiores invenções da cultura francesa: o bidê. Conquista tão notável que apenas se compara à *liberté* e à *égalité*. *Fraternité*, cá entre nós, é papo pra inglês ver, pergunte ao dr. L. F. Céline, médico da *banlieue*, se existem muitos parisienses fraternais.

A primeira providência foi telefonar para Jeanne Moreau e marcar encontro para a semana seguinte. Claro que fiquei excitado de chegar à cidade onde moravam tantos dos meus heróis. Quase todos devidamente hospedados no Père-Lachaise ou no Pantheon. Também escrevi para minha irmã, comunicando que havia uma cama à espera dela no meu quarto do Hotel des Grandes Écoles.

Muitas das coisas importantes que eu conhecia tinham acontecido em Paris. Procurei a Bastilha: não havia mais. Voltaire? Não atendeu ao telefone. Procurei Charles Baudelaire. Cadê? Segundo nota biográfica de uma recente tradução brasileira das *Flores do mal*, em 1861, aos 40 anos, Baudelaire pensou seriamente em cometer suicídio. Depois mudou de ideia e resolveu entrar para a Académie Française. Não conseguiu uma coisa nem outra.

250

A leitora e o leitor chiques sabem que Paris é deslumbrante. Não vou entrar em detalhes. Uma das grandes experiências laico-religiosas que tive foi me sentar num banquinho para contemplar a Notre-Dame. Anos depois, descobri num livro de arquitetura que meu fascínio se devia às inovações técnicas do edifício, aos arcobotantes vazados, como talvez se diga em português de arquiteto. A arquitetura da igreja era também uma joia de cálculo matemático.

Por falar em cálculo, caprichei no figurino para ir à casa de Jeanne Moreau. Como minha missão era conversar sobre a letra que talvez fizesse para seu futuro filme, pedi a Vera que fosse comigo. Assim evitaria cometer erros graves em meu francês ginasiano.

Chegamos à Rue du Cirque, onde morava a diva, perto da Champs-Élysées, num dos *arrondissements* mais bacanas da cidade. Entramos num edifício digno de *Belle de Jour*, embarcamos num elevador de *Último tango em Paris* e tocamos a campainha. Recebeu-nos uma mulher em trajes vaporosos em tons de azul. Indicou-nos a sala de estar e um sofá, onde nos sentamos. Tentei engrenar uma conversa em inglês, mas Jeanne, com afetação inexplicável, começou a trocar palavras ásperas com Vera, exibindo aquele excesso de educação que os gauleses revelam quando têm aversão a alguém.

Enquanto eu fazia força para não boiar na rapidez daquele papo de *vous* pra lá e *vous* pra cá, percebi que pairava no ar uma antipatia definitiva. Vera ergueu-se de repente e, ante meus olhos de troglodita estupefato, incapaz de decifrar as sutilezas entranhadas na conversação, declarou:

— *Allons-y.*

Já disse que meu francês não era *sorbonnard*, mas percebi que era hora de picar a mula. Saímos de lá em estado de choque: que mulher desagradável! Cá comigo, eu matutava: por que o Piazzolla tinha inventado de me enviar à casa dessa megera?

Quando cheguei ao hotel, a *concierge*, Madame Fourtain, veio correndo me receber no pátio, aflitíssima:

— *Monsieur Carneirô! Monsieur Carneirô!*

Pensei com meus botões que não era o meu dia. Será que além do mau humor da estrela eu ainda teria que encarar a má vontade dos astros? A *concierge* esclareceu o motivo de sua aflição:

— *Monsieur Carneirô, Madame Jeanne Moreau au téléphone!*

Ainda hesitei por um segundo, pensando que a diva, além de mal-humorada, era de veneta. Só atendi porque sou otimista patológico. Jeanne pediu mil desculpas, explicou que havia pensado que eu não era eu, mas um impostor que se fazia passar por mim. Por quê? Piazzolla tinha 54 anos, ela não imaginara que seu parceiro fosse um fedelho cabeludo. Insistiu que eu voltasse à casa dela no dia seguinte. Respondi que tinha compromisso. Acho que era verdade, não estava me fazendo de difícil. Combinei de voltar na semana seguinte, quando Piazzolla chegaria a Paris.

E fomos. Ela, dessa vez, amabilíssima. A pedido de Astor, li para ela minha sinopse sobre Evita. Ela disse que havia adorado; me lembro que, no meio da tarde, a diva foi ao *toilette*, provavelmente para retocar a *maquillage*. Piazzolla aproveitou a ausência dela para se refestelar numa *chaise-*

-longue da sala, desenhada por Le Corbusier. Olhou para mim com orgulho e disse:

— Olha só, Geraldo... Nós dois aqui, na casa de Jeanne Moreau...

Eu não havia assistido aos principais filmes da diva — *Jules e Jim*, *Les Amants* etc. —, e não compreendi o motivo de tanta admiração. Só conhecia Jeanne por suas fotos na revista *Manchete*, às vezes ao lado de Brigitte Bardot. Ela voltou à sala e pediu que eu lhe escrevesse, enviasse notícias e o texto do musical assim que o arrematasse.

Paris não é sempre uma festa

Quase todos os casais ao meu redor se separaram em 1975. Egberto e Dulce, Marilda e Bráulio. Astor e Amelita seguiram a tendência, semanas antes, ainda em Roma. Fui acompanhar Amelita até o aeroporto; depois passei dias tentando reanimar Astor. Devo ter usado aqueles chavões da Nouvelle Vague: *"On efface tout."* Mas esses papos de francês deprimido não ajudam ninguém a viver.

Aliás, parte da culpa por essa revoada de separações era do cineasta Ingmar Bergman, que recém-lançara no cinema um filme feito para a TV, chamado *Cenas de um casamento*, sobre os desastres conjugais. Era um verdadeiro panfleto antimatrimonial.

Agora em Paris, Astor estava desesperado por falta de amor. Tanto que lançara ao Sena a guia que ganhara de Herculano, em desafio aos orixás que, segundo ele, não o haviam amparado *comme il faut*. E mais: me garantiu que, caso não surgisse um novo amor em sua vida, ele se mataria, lançando-se ao rio — como Jeanne Moreau, aliás, fez no cinema, para surpresa de seus dois namorados, Jules e Jim.

Argumentei que só as gravadoras e os editores se beneficiariam com o gesto tresloucado. Antes que ele confundisse a vida com um tango, pedi-lhe que esperasse mais um pouco.

Embora recomendasse paciência a Astor, nunca fui bom conselheiro sobre o tema. Ainda mais naquele tempo: havia uma urgência feroz em todas as frentes da vida. No meu caso, Vera tinha sido uma namorada adorável nos últimos anos. Mas todos nos sentíamos prisioneiros uns dos outros. Não percebíamos que cada qual era eternamente encarcerado em si. Você podia até se libertar do outro, mas não de sua moldura psíquica. Valeu a pena a espera de Piazzolla. Dois meses depois ele conheceria a cantora Laura Escalada, com quem viveu feliz, se não para sempre, por uns bons quinze anos, a maior parte deles em Paris, na Île Saint-Louis. Ele continuaria vindo quase todos os anos tocar no Brasil, onde sempre nos encontramos para comemorar a vida, mesmo quando desistimos de fazer planos para o futuro.

Em 1990, por acaso eu iria a Buenos Aires para entrevistar a tenista Gabriela Sabatini. Astor tinha sofrido um AVC no ano anterior. O então presidente da Argentina, Carlos Menem, enviara um Boeing-ambulância para trazê-lo de volta à pátria. Ao telefone, Laura me advertira que visitá-lo no hospital era muito triste para os amigos. Astor raramente os reconhecia. Apesar disso, insisti em vê-lo. Entrei no quarto e me deparei com ele na cama, tendo à frente uma espécie de estrutura de madeira, sobre a qual tentava furiosamente reaprender a escrever. Ao me ver, sorriu. Em resposta a seu sorriso, fiquei feliz e abri os braços. Devo ter dito alguma coisa como:

— Astor! Que alegria rever você!

Devo ter sido infeliz ao falar em alegria ao vê-lo naquele estado, aprisionado à cama e aos exercícios para recuperar a escrita e, com ela, a capacidade de registrar sua música. Ele passou a ignorar ostensivamente minha presença. Fechou-se em copas. Saí do quarto minutos depois, com lágrimas nos olhos.

Na mesma noite, fui a um restaurante temático de celebração do tango, chamado Los Imortales, onde já estivera dez anos antes. Havia nas paredes retratos das figuras mais conhecidas da música argentina, na maior parte fotos de Gardel e Le Pera. Junto à porta havia sido incluída uma fotografia de Piazzolla, bem maior do que as outras. Ele, que havia sido hostilizado durante toda a vida, fora enfim entronizado no panteão das glórias nacionais.

Voyages autour de ma chambre

De volta ao presente e a Paris, enfim chegou minha querida irmã Maria Elizabeth, a quem chamo por múltiplos apelidos, sendo o mais constante Bita. Parecia ser apenas uma pós-adolescente aos 19 anos, mas se tornaria minha heroína. Moraria em plena selva amazônica, a oitenta quilômetros da cidade mais próxima, para participar da Frente de Atração dos índios Arara, arredios ao contato com aquele leviatã que chamamos de civilização, que só merece esse nome pelo Engov, os antibióticos, as vacinas e meia dúzia de pensadores notáveis.

Durante o período na selva, Bita tornou-se amiga de uma índia. Ambas se descobriram grávidas no mesmo dia. As barriguinhas cresceram juntas. Às vésperas do parto, descobriram que dariam à luz meninas. Resolveram indagar uma à outra que nome escolheriam para as filhas. Minha irmã revelou que o nome de sua futura filha seria Ayana, o mesmo de sua companheira indígena. Ayana, a indígena, revelou que a filha se chamaria Bita, como minha irmã.

Não vou descrever todas as qualidades de Bita, do contrário eu seria merecidamente defenestrado, por irrelevante, das páginas deste livro. Sei que tomamos um bocado de vinho para celebrar sua chegada. Íamos todos os dias ao Louvre, por diversos motivos. O primeiro, óbvio, era visitar a Gioconda & Co. Confesso que jamais ultrapassei as primeiras salas: tinha preguiça de competir com turistas de todo o mundo para entrever uma múmia egípcia. Costumava virar à esquerda na Vitória da Samotrácia, subir as escadarias e me refugiar no bar do museu, com vista para as esculturas do jardim.

Também íamos ao Louvre noite sim, noite não, a fim de telefonar de graça para o Brasil, usando para isso os telefones públicos devidamente sabotados por árabes e brasileiros, os maiores especialistas na arte da conexão clandestina. Graham Bell ficaria orgulhoso de nossos engenheiros do Terceiro Mundo.

Chegou uma amiga da Bita, M., que se hospedou no nosso quarto. Depois outra, trazendo na bagagem uma latinha cheia de pílulas de Blue Sunshine, um LSD da melhor qualidade: também se hospedou no nosso quarto. Chegaram mais dois amigos do Brasil, ambos em péssimo estado. Felizmente, não se hospedaram no meu quarto.

Aproveitei a explosão demográfica no Hotel des Grandes Écoles e abri uma tendinha psiquiátrica em meu domicílio. Para todos os amigos que arribavam com siricutico psíquico, saudades do Brasil ou dor de amor, minha medicação era a mesma: um quarto de Blue Sunshine. Os efeitos terapêuticos eram excepcionais. Um de meus amigos, devastado por uma separação recente, esqueceu-se em quinze minutos de seu drama pessoal e passou a olhar com volúpia para M., amiga da Bita, a quem admirava mais do que tudo porque ela tinha um cachorrinho bordado no jeans. Apelidei a temporada parisiense de A Tomada da Pastilha.

A FESTA ACABOU

Faço aqui uma elipse para não provocar o vosso tédio, cara leitora e caro leitor, se é que vocês ainda estão por aqui. Não vou aborrecê-los descrevendo com que astúcias esse monstro delicado, como o chamou Baudelaire, se apoderou de minha alma. Recorro à modalidade inelutável do visível: o dinheiro acabou. A missão, também. Eis-me embarcado num navio chamado *Augustus*, que parece uma chaleira ambulante.

Por que de navio, perguntará você? Porque eu tinha adquirido pavor ao mais-pesado-do-que-o-ar, numa travessia entre Mallorca e Barcelona. Era noite de quarto minguante, o Mediterrâneo esplendendo lá embaixo; acima dele, céu de brigadeiro e uma meia-lua digna de bandeira oriental. De repente, a fobia se infiltrou em mim. Talvez, ao navegar entre as nuvens, tenha me dado conta de que não merecia ir para o céu.

Nem na fobia aeronáutica eu era original. Tinha mestres ilustres no ofício de temer tudo que voa, entre os quais Piazzolla e Vinicius, que chegou a me ensinar feitiços e artifícios para mitigá-lo. Um deles consistia em balançar no próprio assento durante a turbulência, para competir com as oscilações do avião. Nunca funcionou.

Conseguimos uma das últimas, se não a derradeira, cabine do navio, muito abaixo da linha-d'água. Era preciso descer uns dez lances de escada. Uma sensação de escalar o cadafalso às avessas, à medida que se descia e via-se o casco a afunilar-se. Quando se chegava ao meu piso, que devia ser o penúltimo, restava penetrar na cabine, fechar os olhos — como Edmond Dantes em seu cárcere — e dormir, talvez sonhar e esperar que assim me libertasse das mil mazelas que herdamos da carne.

Afeito aos privilégios da classe média, a decadência me fez lembrar a peça *Calígula*, de Camus. O imperador, que tinha problemas mentais piores do que os meus, decide transformar sua corte num bordel. Damas e cavalheiros do patriciado romano passariam a ser então os serviçais do alto meretrício. A propósito da mudança da vida dos súditos, um assecla de Calígula declara: "Os senhores verão que é mais fácil descer do que subir na escala social." Pois é, desci.

O *Augustus* era antiquado, tinha resquícios de *art déco*. Fazia sua derradeira viagem rumo ao ferro-velho. Era desprovido de estabilizadores; tremia tanto quanto os cinemas em que era exibido o filme *Terremoto*. Ouvíamos com nitidez aterrorizante os vagalhões a explodir contra o casco da embarcação, enquanto ela estremecia como se estivesse nas vascas da agonia.

Também tinha medo do que haveria do lado de fora. Me lembrei dos piratas do Mediterrâneo, que haviam capturado dom Miguel de Cervantes quatro séculos antes. Não fosse a prisão e o confinamento em Argel, ele talvez não se tornasse maluco o suficiente para escrever o *Quixote*. Quem sabe, se os piratas me sequestrassem, me inspirassem a escrever, pelo menos, o "Tico-tico no fubá"?

Não bastasse a precariedade e a obsolescência de suas instalações, o *Augustus* parava tanto quanto ônibus de subúrbio. Embarcamos em Nice, na França. Paramos em Barcelona, onde passamos a noite atracados. Pra quê, me perguntei em vão? Passamos por Gibraltar e, para o meu total desespero, voltamos na direção do norte. Fizemos escala em Lisboa, onde aproveitei para comemorar o primeiro aniversário da Revolução dos Cravos.

Quando começamos a navegar rumo ao Brasil, o comandante teve notícia de que havia um passageiro a bordo que se empenhava em escrever um libreto. Era eu. Ele compadeceu-se de mim e me cedeu a biblioteca do navio. E lá passei a permanecer os dias inteiros, fingindo que escrevia, a contemplar o tédio monumental do oceano. Ainda não sabia que meu texto, *O retrato imaginário de Eva Perón*, estaria fadado a desaparecer, assim como o cadáver da musa que lhe servira de inspiração.

No ano seguinte, Piazzolla viria ao Brasil e me revelaria uma bomba. A notícia de nossa ópera sobre Evita fora publicada em jornais do Brasil e da Argentina, e chegou aos ouvidos dos militares argentinos. A mera notícia foi considerada uma afronta: Piazzolla recebeu a ameaça de que, caso o projeto fosse adiante, sua filha, Diana, seria assassinada no país em que se exilara.

Aos olhos de hoje, a ameaça talvez pareça absurda, mas à época fazia todo sentido. Evita fora canonizada, tanto à esquerda quanto à direita: era o mártir que conferia grandeza épica ao peronismo. Por sua vez, Diana pertencera a uma das mais aguerridas organizações de esquerda do país, os Montoneros. O grito de guerra do grupo a evocava como símbolo: *"Si Evita viviera, sería montonera."* Era tempo da Operação Condor e outras sinistras iniciativas de eliminação de opositores das ditaduras do Cone Sul. Muitos dos líderes democráticos da época foram assassinados. A realidade latino-americana era um pesadelo.

Com tantos obstáculos à nossa frente, que fazer com meu texto? Um belo dia enfiei-o em meu arquivo e até hoje não o encontrei de novo. Sobraram dele duas canções. Pode ser que, quando o Rio for inundado pelo mar, um escafandrista vasculhe os destroços da cidade e o descubra. Suplico que tenha a paciência de lê-lo. Se for ruim, imploro que queime as folhas e espalhe as cinzas mar adentro.

O estrangeiro

Atravessar o Atlântico de navio, em meados dos anos 1970, era um anacronismo. Eram dois mil passageiros à procura de um esplendor que se esgotara em outras eras. As mulheres exibiam traje de gala, todas as noites, em busca do príncipe encantado. Esse príncipe, se é que jamais existira, desembarcara havia muito tempo e desaparecera na linha do horizonte, para decepção das raparigas em flor. Desencantadas, elas agora tinham que se submeter à marcha medíocre do mundo ou se trancar na melancolia dos camarotes, embrulhadas em seus sonhos de valsa.

Me sentia estrangeiro em meio a essas mal fundadas expectativas. Não apenas do lado de fora: alguma coisa se partira dentro de mim. Era um naufrágio íntimo. Que lições havia aprendido eu no Velho Mundo? O que esperar de meu país avassalado pela ditadura? Quais seriam as esperanças de minha juventude ainda sem futuro? Já tentara ser tantas coisas, e não era nada senão uma nebulosa com raros relâmpagos.

Meu coração à deriva e eu só com a solidez de minha solidão junto às chaminés daquele navio a caminho do cemitério, assim como eu talvez a caminho de meus principícios ou finícius, movido a saudade desse sul insulado diante de mim, a costear meus medos entre os rochedos de Fernando de Noronha onde passaram todos os Vascos e Vespúcios, todos os ventos a caminho das Índias, sem saber se ainda existiam as Índias, se ainda haveria samba ou jazz no meu Rio-verão ou se era o fim de tantas esperanças que diziam sim. Talvez ainda houvesse além do mar a minha rara Guanabara, onde aprendera tudo o que sonhara, e se esse navio porventura aportasse por lá, quem sabe ainda haveria de me rejubilar ressuscitar renascer entre as cinzas das paixões extintas, quem sabe enfim aceitasse o cosmocaos da vida, minha cidade minha perplexidade meu êxtase e fosse de novo feliz e infeliz, e lá esperasse por mim uma história nova que me coubesse viver em meu pequeno mundo, enquanto a Terra faz suas vãs revoluções em torno do Sol.

www.historiareal.intrinseca.com.br

1ª edição	JUNHO DE 2022
impressão	LIS GRÁFICA
papel de miolo	AVENA 70G/M²
papel de capa	CARTÃO SUPREMO ALTA ALVURA 250G/M²
tipografia	DANTE